Cahiers

Titolo originale: *Memoirs of Kiki*
Traduzione dall'inglese di Lucia Usellini

Nonostante la casa editrice abbia compiuto tutti gli sforzi necessari per rintracciare il proprietario dei diritti della traduzione qui utilizzata, ciò non è stato possibile. La casa editrice resta quindi a disposizione del traduttore o dei suoi eredi e, a tal fine, può essere contattata all'indirizzo in questa pagina.

I edizione: marzo 2016
© 2016 Lit Edizioni Srl
Tutti i diritti riservati

Castelvecchi è un marchio di Lit Edizioni Srl
Sede operativa: Via Isonzo 34, 00198 Roma
Tel. 06.8412007 – fax 06.85358676
info@castelvecchieditore.com
www.castelvecchieditore.com

Kiki de Montparnasse

MEMORIE DI UNA MODELLA

Traduzione di Lucia Usellini

CASTELVECCHI

*Montparnasse è cambiato. Kiki non cambia.
Non più tardi di due giorni fa, mi ha detto;
«Ehi tu, figlio di buona donna, quando ti decidi
a portarmi quella stoffa che mi avevi promesso?
Non ho niente da mettermi.
Se è un metro di altezza, me ne occorrono quattro metri,
ma se è alta un metro e mezzo, tre metri dovrebbero bastare.
Saresti un vero tesoro, e ti amerei per sempre...».*

FUJITA

Prefazione

di
Ernest Hemingway

Quanto segue è stato scritto nel 1929; Kiki ora è come un monumento a se stessa e all'epoca di Montparnasse, che si ritenne definitivamente chiusa quando lei, Kiki, pubblicò questo libro.

Le decadi finiscono ogni dieci anni, a partire da ogni avvenimento eccezionale, come la nascita di Cristo, o la fine della guerra; le epoche possono finire in qualsiasi momento. Nessuno sa quando abbiano inizio, (al momento, almeno) e quelle di cui si fa un gran parlare in genere non reggono a lungo: l'epoca di Locarno, per esempio.

Sui giornali è facile far cominciare un'epoca; chi firma gli editoriali dà inizio con regolarità a nuove epoche, ma non hanno nulla a che vedere con le vere epoche e la gente se ne dimentica completamente. Spero che nessuno sia così incivile, a questo punto, da consultare un dizionario per scoprire quale sia il vero, esatto significato di epoca, perché potrebbe rovinare tutto questo mio importante scritto. L'essenziale, per uno scrittore serio, è usare parole come ovest, est, civiltà, ecc., e quasi sempre queste parole non vogliono dire un accidente, ma non potete essere uno scrittore serio senza usarle. Secondo la mia esperienza personale, se puntate il naso verso nord tenendo il capo immobile, quel che avete alla vostra destra sarà l'est, e quel che avete alla vostra sinistra sarà l'ovest, e potete essere uno scrittore molto serio scrivendo queste parole con la maiuscola, ma è molto presumibile che non significhino niente.

Ma tornando alle epoche, che è un altro modo di essere seri, sebbene nessuno sappia quando comincino, tutti sono perfettamente sicuri di quando finiscono e allorché, nel giro di un anno, Kiki divenne un simbolo e Montparnasse divenne ricco, prosperoso, sfarzosamente illuminato, brulicante di locali da ballo, fiocchi di avena, pompelmi, (fate la vostra scelta signori, disponiamo di tutto questo ora per la prima colazione) e al «Dôme» cominciarono a vendere caviale, beh, l'epoca, per quel che poteva valere, (e personalmente non credo valesse molto) era finita.

Montparnasse, in questo senso, simboleggia i caffè e i ristoranti dove la gente si fa vedere in pubblico; non simboleggia le case, gli studi e le stanze d'albergo dove la gente lavora in privato. Ai vecchi tempi la differenza fra i lavoratori e quelli che non lavoravano era che i perdigiorno li incontravate al caffè prima di mezzogiorno. Questo naturalmente non era del tutto esatto, perché i veri perdigiorno (mi attengo qui più al significato americano della parola che non a quello inglese) non si alzavano prima delle cinque di sera, ora in cui si trovavano a bere, nei caffè, in amichevole competizione con gli operai che per quel giorno l'avevano fatta finita con il lavoro. Il lavoratore va al caffè con lo stesso malinconico atteggiamento di uno scrittore o di un pittore che, dopo aver lavorato tutta la giornata non vuole più pensarci fino all'indomani, e desidera invece vedere gente, e parlare di tutto ciò che non è serio, e bere un po' prima di pranzo e forse anche durante e dopo il pranzo, questo dipende da individuo a individuo. Era anche molto piacevole, dopo il lavoro, vedere Kiki. Era molto bella da guardare. Tanto per cominciare aveva un bel viso e ne aveva fatto un'opera d'arte. Aveva un corpo meraviglioso e una bella voce (quando parlava, non quando cantava); certamente dominò l'epoca di Montparnasse più di quanto la Regina Vittoria non abbia dominato l'epoca vittoriana.

L'epoca è finita. Se ne è andata via con i reni dei lavoratori, che bevevano troppo con i perdigiorno. I perdigiorno erano bella gente e diedero prova, a lungo andare, di possedere reni più robusti. Ma loro di giorno riposavano. L'epoca, in ogni modo, è finita.

Kiki, in ogni caso, ha ancora la sua voce. Non dobbiamo preoccuparci dei suoi reni; viene dalla Borgogna, dove queste cose le fanno meglio che non nell'Illinois o nel Massachusetts, e il suo viso è un'opera d'arte come sempre, la sola differenza è che ora dispone di più materiale su cui operare. Ma c'è il libro. Il libro vuole esserne la sintesi.

La gente che mi sa dire quali libri vadano considerati opere durature o opere d'arte è tutta fuori città, e così io non so dare un giudizio intelligente, ma penso che il libro di Kiki sia fra i migliori che abbia letto dopo *The Enormous Room*[1]. Forse non verrà tradotto; ma potrete sempre imparare il francese e leggercelo. Non è una brutta idea quella di imparare il francese, a ogni modo, e quando l'avrete imparato avrete dimenticato tutto su questo libro. Ma nel caso lo impariate veramente, è il libro di Kiki che ho suggerito di leggere, non quelli di Julien Green[2] o di Jean Cocteau, o di chiunque altro, che a quell'epoca sarà considerato dagli americani un grande scrittore francese. Leggetelo tutto, dall'inizio alla fine, l'ultimo capitolo non è importante e non aggiunge niente al libro, ma non ve ne importerà nulla dopo aver letto il capitolo 7 (*Un'iniziazione mancata*), o *La nonna*, cioè il capitolo 12.

Questo è l'unico libro per cui io abbia mai scritto la prefazione e, se Dio mi aiuta, resterà anche l'ultimo.

È scritto da una donna che, per quanto ne so, non ha mai avuto un angolo tutto per sé, ma credo che in un certo senso vi ricorderà un altro libro intitolato a un nome di donna e scritto da Daniel Defoe (con cui in alcuni punti può reggere il confronto). Se siete stanchi dei libri scritti dalle signore scrittrici d'oggigiorno, eccovi un libro scritto da una donna che non fu mai una signora. Per circa dieci anni, come spesso capita, Kiki fu lì lì per essere una regina, ma questo naturalmente è molto diverso dall'essere una signora.

NOTE

1. E.E. Cummings, *La stanza enorme*, Baldini&Castoldi, Milano, 2014 (ndr).
2. Non ho mai letto nulla di Julien Green, perciò questo giudizio è probabilmente molto ingiusto. Mi dicono che è molto bravo. Così cambio il consiglio, o piuttosto lo modifico, nel senso che vi spingo, dopo che avrete imparato il francese, a leggere sia Kiki che Julien Green.

Prima parte

1
La mia infanzia in Borgogna

Sono nata il 2 ottobre 1901, in Borgogna.

Mia madre se la svignò a Parigi, lasciandomi con la nonna, che si trovò così con una mezza dozzina di mocciosi sulle spalle: le sue figlie le avevano fatto il bel regalo di doverli tirare su... Eravamo tutti e sei figli naturali, perché i nostri *padri* avevano tralasciato il piccolo particolare di *riconoscerci*. Mia madre mandava cinque franchi al mese per il mio mantenimento.

Il nonno, un operaio addetto ai lavori stradali, guadagnava un franco e mezzo al giorno. La nonna andava a giornata presso le famiglie benestanti dei dintorni a lavare e a rammendare. Eravamo molto poveri, ma c'era sempre da sfamarsi.

Quando avevo sui cinque o sei anni, mi mandarono all'asilo. Ricordo che mi davano una zuppa da mangiare sul posto. Nella corte c'era una panca lunga lunga e molto bassa; io tiravo su le gonne e mi ci sedevo sopra. Avevo un piccolo compagno di giochi di otto anni. Si chiamava Henry, e aveva lunghi capelli neri che gli scendevano sulle spalle. Lo ritenevo un essere semplicemente eccezionale, perché io ero sempre rapata come un ragazzino.

La nonna risparmiava così un sacco di lavoro. Anche i miei cugini, femmine comprese, erano rapati; di tanto in tanto ci strigliavano con una spazzola dura per toglierci i pidocchi (il che non impediva che ne fossi zeppa).

Non frequentavo la scuola con grande regolarità, perché l'insegnante era maledettamente antipatica: di noi, poveri piccoli, non gliene importava niente! Ci ficcava in fondo all'aula, sempre pronta a punirci per ogni inezia. Ci trattava come pidocchiosi, cosa che, anche se vera, non mi garbava affatto. Il peggior castigo che potesse infliggermi era mandarmi nell'angolo, faccia contro il muro: e passavo così giornate intere. A volte mi prendeva una tale stanchezza che temevo di morirne. La parete, poi, era verde, e mi irritava gli occhi.

Poiché eravamo molto poveri, due volte alla settimana andavamo dalle suore a elemosinare un piatto di minestra. Per me e per le mie cuginette questo rappresentava una specie di supplizio, perché le *bonnes sœurs* non ci potevano soffrire.

Eravamo sporche, e non molto religiose; così ogni volta che allungavamo il piatto incontravo uno sguardo duro e cattivo. Poi ero certa di venire sgridata: «Eccoti di nuovo, mocciosa! Come mai? Tua madre, con quel che guadagna a Parigi non riesce a mantenerti? Eppure dicono che a Parigi non manchino le possibilità di far soldi...». Sorpresi, gli altri bambini stavano ad ascoltare tutti attenti.

Ah, ma ce n'era anche per loro! Perché certo non stavano meglio di me. Mia madre non nuotava proprio nell'oro. Ora faceva l'infermiera a Baudelocque e per il mio mantenimento mandava sempre cinque franchi al mese, non un soldo di più.

Ma in campagna ci si può ingegnare in mille modi. Aspettavamo con impazienza i temporali estivi, e allora uscivamo nella pioggia a cercare lumache sotto i cespugli e nelle cavità dei muri. C'erano poi le bocche di leone, che ben lavate e pulite riuscivamo a vendere a due soldi il mazzo... A volte andavamo nei boschi per fragole e per funghi. Tutto serviva a tenere lontana la fame, anche la vendita di oggetti rubati nelle nostre scorribande in campi e giardini... Che mai si può pretendere da dei poveri contadinelli? La casa accanto alla nostra era molto bella, con un bel granaio straripante di legna e carbone. Era lì, a quanto sembrava, che viveva mio padre. Aveva una moglie e una figlia, e con loro era molto buono; erano sempre ben vestite. Mio padre non mi rivolgeva mai la parola, ma mi lanciava strane occhiate. La mia stima per lui saliva enormemente quando, al tempo della sagra, dirigeva l'orchestra e le gare sportive. Era un pezzo di marcantonio, un bell'uomo anche, a quanto avevo sentito dire. Era stato costretto a lasciare mia madre, con cui aveva convissuto sei anni, per sposare una tale con una dote di mille franchi e un maiale.

2
Il mio arrivo a Parigi

Ho dodici anni.
Mia madre scrive alla nonna di mandarmi a Parigi, perché possa imparare a leggere. La notizia mi sconvolge. Mi terrorizza l'idea di non rivedere più i banchi di scuola… e poi vado pazza per la nonna. Mia madre, dopotutto, l'ho vista poche volte. Per me è solo quella signora che ogni anno viene da Parigi a passare un mese di vacanze con noi; una signora che mi porta giocattoli, scarpe splendenti o un bel vestito.

La nonna mi accompagna fino a Troyes, e qui mi affida al capotreno, che mi ficca in un vagone di prima classe. Chiede a una tale di tenermi d'occhio, e questa per tutta risposta mi lancia uno sguardo gelido.

Devo proprio essere un bello spettacolo, con i capelli corvini tutti arruffati, un berretto azzurro troppo piccolo, e un gran fiocco rosso in cima. Sono pelle e ossa, gialla in viso, e sulle spalle, affibbiato con una cinghia, ho uno zaino su cui è ricamato il mio nome in rosso. Ho tanta paura di finire per perdermi.

Poi il treno parte e io mi sciolgo in lacrime, mentre la signora non mi toglie gli occhi di dosso! Mi chiede perché piango e io riesco a dire una sola parola, «Nonna». Capisco bene che non le va a genio che io pianga, così per dimostrare che so anche essere forte e coraggiosa tiro fuori dallo zaino un bel pezzo di salame all'aglio e una bottiglietta di vino rosso.

Mangio, bevo, piango. Il salame appesta l'intero scompartimento e la signora sembra completamente disgustata.

Continuo a piangere. Il treno arriva a Parigi. Mi consegnano a mia madre, che già temeva mi fossi perduta. Ma la verità è che, conciata com'ero, non so proprio come avrei potuto passare inosservata.

Mi fanno salire su una carrozza a cavalli. Mia madre ride a crepapelle quando le chiedo se lucidano a cera le strade di Parigi... Deve essere un bel lavoro!

3
Vado a lavorare

Ho tredici anni compiuti.

Ho lasciato la scuola definitivamente. So leggere e fare di conto, niente di più.

Mi impiego come apprendista in una maglieria. Lavoro lì per un po', finché un'amica di mia madre le dice che posso guadagnare tre franchi al giorno in una fabbrica dove si riparano le scarpe dei soldati.

La guerra continua.

Le scarpe arrivano dal fronte per la disinfezione. Vengono rispedite in fabbrica per ammorbidire il cuoio immergendole nell'olio. Il mio lavoro consiste nel sistemarle su delle forme di legno. In seguito faccio altri lavori: in una fabbrica di saldature, di dirigibili, di aeroplani, di granate.

Io e mia madre riusciamo a sbarcare il lunario a fatica. A mezzogiorno mangio in una bettola per otto soldi, ma anche lì lasciano troppa sabbia sui fagioli!

Il sabato andiamo in rue Mouffetard, da nostri amici che commerciano in fiori. Mi diverto un mondo. Al mattino vado a Les Halles con mamma Guinoiseau e la sua banda, due bambine della mia età e cinque maschi. Lì, dalle dieci alle due, vendiamo fiori.

In rue Mouffetard trovo un terribile rivale che non smette un attimo di sbraitare: «Donne, donne, ecco l'aglio, le belle cipolle!». La più grande delle ragazze che vende con me è bionda e procace. Quel che più colpisce in lei sono le mani: mani da regina. Facciamo a gara a chi si concia di più da zingara, a chi riesce a mettere più olio sui capelli per fissare i riccioli. Poi ci ficchiamo in testa orrendi pettini di metallo e pietre colorate. Il pomeriggio andiamo al *marché aux puces*, in Porte d'Italie. Qui si può trovare di tutto: scarpe d'occasione a un franco e cinquanta o due franchi; sottovesti e magliette per cinque o dieci franchi; e poi, la sera, pasteggiamo a patatine fritte e vino bianco. Ci danno briglia sciolta e ci lasciano andare al cinema come ragazze grandi. Là ad aspettarci ci sono i nostri innamorati. Il mio si chiama Dede; è un ragazzone biondo sui diciannove anni, dall'espressione arrogante. Su di me fa un certo colpo perché convive con una donna. Penso sia lei a mandare avanti la baracca: lui non fa niente. Ne sono innamorata. Al cinema, la sua bocca non lascia mai in pace la mia. Il lunedì riprendo a tirare la carretta e aspetto impazientemente che venga di nuovo domenica. Mia madre ha notato che sul collo ho un grosso segno violaceo. Passo il fazzoletto intriso di saliva, ma senza risultato. Perplessa, mi sto domandando cosa può essere, quando mi arriva un ceffone sull'orecchio da farmi girare la faccia dall'altra parte... Non avevo mai pensato che anche i baci potessero lasciare il segno. D'ora in poi starò più attenta.

Accidenti! Ho appena scoperto che il mio bel Dede è un ladruncolo, e che una notte è stato pizzicato a rubare in un negozio di scarpe in avenue des Gobelins. Non è affatto sceso nella mia stima, al contrario, anzi. Io che leggo sempre «Fantomas» penso a lui come a un eroe dei miei libri. Mi piace tanto leggere, ma ciò non significa che sia un'intellettuale. Ho orrore per le calze lunghe, la mia passione sono le calzine gialle.

Mia madre tiene sulla mensola del camino dei gerani artificiali; ogni giorno gliene soffio un petalo, che mi passo sulle labbra e sulle gote.

Poi riempio il reggiseno di stracci: così è molto più consistente.

Il guaio è che c'è sempre gente disposta a ficcare il naso negli affari che non la riguardano, e qualcuno va a dire a mia madre che mi concio come una sgualdrina, tanto mi dipingo (come se a tredici anni si potesse sembrare sgualdrine!). Quando mia madre vuole prendermi in giro, si riempie il reggiseno di cotone, così sembra che il mio seno sia enorme. Poi cammina avanti e indietro davanti alla porta, e se per caso passa di lì uno dei miei spasimanti gli dice: «Ehi, tu, bellimbusto, guarda un po' Alice...». Ma io me ne impipo. Ho tanti di quei corteggiatori!

Per finirla con i Guinoiseau: hanno seppellito la nonna al cimitero di Bagneux. Dovevano trascinarsi dietro anche i due più piccoli; allora li hanno fatti sedere sul carro funebre. Dopo la cerimonia, la famiglia si è affrettata, come d'uso, ad affogare i dispiaceri nel vino bianco, patatine fritte e salsicce. Ma la fine del festino non è stata altrettanto divertente. Erano tutti sbronzi: pugni in faccia e botte da orbi. I cappelli neri di crêpe vanno a finire nel condotto di scarico. I ragazzini urlano, e tutti cercano di zittirli. Dopo le botte si fa la pace con vino bianco, patatine fritte e altre salsicce.

La guerra continua. Mia madre riesce a sbarcare il lunario a stento. Quanto a me, i dieci soldi alla settimana che guadagno non mi durano molto.

A Troyes ho una zia e delle cugine. Mia madre mi manda da loro, perché là, alla filanda, posso guadagnare tre franchi al giorno.

Arrivo a Troyes all'inizio dell'inverno; la zia abita alla periferia della città. Io sono molto contenta. Mia zia, alta e tozza, mi richiama un po' alla mente un poliziotto. Non si può dire sia proprio antipatica, ma urla da mattina a sera come un'ossessa, e ha un certo odore addosso che non mi è mai piaciuto. Ha sempre tra le mani la tabacchiera.

C'è poi la cugina Eugénie, odiosa da morire; è lei quella che porta i pantaloni, in casa. Due anni prima della guerra ebbe un bambino dal suo amante. Lui non è mai ritornato... Forse è rimasto ucciso in guerra.

La zia adora il nipotino. C'è anche Madeleine, l'altra figlia, che ha tredici anni. Ha i capelli rossi, ma di un rosso fiammante, ed è lo zimbello della famiglia.

Ci sono soltanto due stanze. La zia dorme con Eugénie e con il piccolo in mezzo, io dormo con la rossa.

Ogni mattina usciamo tutte e tre dirette alla filanda. A mezzogiorno via di corsa a casa a bere quel che chiamano un caffè, senza zucchero, e a banchettare attorno a un'aringa, perché costa solo due soldi. La sera, la rossa esce a comprarci qualcosa in una bettola lì accanto. Sempre meglio dell'aringa di mezzogiorno, ma alla povera rossa non è concesso sedere a tavola; deve accontentarsi delle croste di pane...

«Così mangia meno», dice la zia. Per lei ci sono soltanto i fondi di caffè, e poi deve badare al piccolo, che è sempre di cattivo umore e dispettoso. Sa già parlare, quel tanto almeno da raccontare terribili storie alla zia, che allora salta addosso alla rossa e la manda a letto senza cena.

Io stessa sono tanto giovane e non riesco a valutare esattamente la sua situazione, ma ogni volta che mi siedo a tavola mi sento un nodo alla gola quando guardo da quella parte e la vedo, seduta sotto la finestra, su uno sgabello di legno, mangiare dalla scodella che tiene in grembo. Capita fin troppo spesso che vada a letto senza zuppa, ma generalmente io cerco di fregare un po' di pane per lei, e a volte anche qualcos'altro con il pane. Povera rossa! Ricordo ancora com'era pallida e gracile. La nonna ci aveva tirate su tutte assieme fino ai dodici anni, e così per me era come una sorella.

Rimasi là tre mesi soltanto, per via di un incidente capitatomi al piede.

Bene, eccomi di nuovo a Parigi, dove ho raccontato tutto a mia madre, specialmente della povera rossa. La rossa è rimasta laggiù in campagna, dove ha sposato un taglialegna e ha un bambino, ma prova ancora del risentimento verso la madre, ed è di salute cagionevolissima.

4
Donna tuttofare

Ho quattordici anni e mezzo quando mia madre mi trova un lavoro presso una panetteria di place Saint-Charles. Vitto, alloggio e trenta franchi al mese.

Il mattino, in piedi alle cinque a servire un soldo o due di pane agli uomini che passano di lì andando al lavoro. Alle sette, su e giù per le scale, fino a restare senza fiato, per portare il pane a domicilio. Indietro per le nove, a riordinare la casa, fare le commissioni e passare un quarto d'ora in uno stanzone pieno di farina. Il mio lavoro consiste nel girare una spranga di ferro in modo che la farina scenda nel colino. Ne esco bianca come uno gnocco. Poi devo aiutare il fornaio a togliere il pane dal forno. Lui si denuda e si diverte alle mie spalle a fare giochi sconci: «Guarda, Alice! Non ne vedrai mai un altro così!».

Di nuovo in cucina!

La «signora» è una vecchiaccia rinsecchita. Non riesce a dare un ordine senza sbraitare come un'ossessa. La sera ho in mente una cosa soltanto: non riesco mai a ficcarmi a letto abbastanza presto. Sono così maledettamente stanca!

Mi piacerebbe andarmene da qualche parte. Ma dove, senza una lira? E poi, se lo facessi, mia madre mi sbatterebbe in un riformatorio fino ai ventun anni.

Ricordo che una mia zia di diciotto anni è morta per i maltrattamenti subiti lì. In pieno inverno, le hanno legato la testa a un rubinetto dell'acqua fredda, e le hanno lasciato correre l'acqua lungo il collo finché non si è decisa a fare quello che volevano loro. Si chiamava Alice, era una testa dura e, visto che, per quanto si potesse prevedere, ne avevo ereditato il carattere, mi avevano chiamato con lo stesso nome.

In ogni caso, decido di aspettare ad andarmene che succeda qualcosa che me ne offra la scusa.

Una mattina di bel tempo apro la finestra e guardo giù nella piazza. Vedo là, su una panca, una piccola bambinaia che si lascia baciare da un tale.

Provo una sensazione così strana! Mi rotolo nel letto, e... be', è molto piacevole... Dopo, però, ho paura.

Due o tre volte, quel giorno, non posso fare a meno di scappare via e chiudermi da qualche parte.

5
Il risveglio dell'amore

Ho messo gli occhi su un ragazzo che abita in piazza, proprio di fronte alla mia camera. È piccolo, tarchiato, con una faccia cattiva. Penso di portarmelo nel retrobottega una sera o l'altra e di fare l'amore con lui.

Mi ha baciata, mi ha accarezzata, ma all'ultimo momento a me è mancato il coraggio!

Non è successo niente, e io torno di sopra, in camera mia, dopo avergli promesso che lo lascerò fare uno dei prossimi giorni.

6
Il mio primo contatto con l'arte

La «signora», questa volta, ha oltrepassato i limiti!

Mi ha sgridata, neanche fossi una pivellina, solo perché mi ritocco le ciglia con i fiammiferi usati.

Le sono saltata addosso e le ho dato una mano di botte, e lei non ha nemmeno tentato di reagire. Ci ha separate il fornaio, che mi ha mormorato: «Brava, così si deve fare! Avresti dovuto ucciderla!».

Ho impacchettato le mie cose.

Non vuole darmi il mio mensile, così non mi resta che tagliare la corda; ma sono le otto di sera, e io non so proprio dove andare. Poi mi viene in mente di una donna delle mie parti che ho conosciuto pochi giorni fa, di cui ho l'indirizzo.

Il giorno dopo vado a cercare lavoro e incontro un vecchio scultore che, impietosito, mi fa andare da lui a posare. Questo è qualcosa di nuovo per me, spogliarmi a quel modo, ma che altro posso fare! Ho già posato per lui tre volte. Il suo studio non è molto lontano da mia madre: così qualcuno le va a dire che sua figlia si spoglia davanti agli uomini.

Mia madre capita lì senza tanti complimenti e fa una gran scenata. Io sto posando, e lei a urlare che non sono più sua figlia, e che non sono altro che una sporca p...

Per quel che me ne importa!

La cosa, anzi, non manca di rallegrarmi, perché capisco che anche il mio momento è arrivato.

7
Un'iniziazione mancata

Intanto ho rintracciato quella donna. Vivo con lei dall'altroieri in una stanzina nel quartiere Plaisance. Mi ha detto che la mantiene un operaio, un vecchio còrso, non più tanto giovane. Lui le dà due franchi al giorno e le procura salsicce e formaggio che prende da casa. Sono rimasta con loro nella stanza, mentre facevano l'amore. Li ho osservati e la cosa mi ha lasciata indifferente. Era una buona occasione per rimpinzarmi di salsicce. Dopo un giorno o due, la mia amica mi ha portato con lei a fare quattro passi lungo i *boulevards*. Siamo state al «Mayol» sperando che cercassero modelle. Ci hanno detto di ritornare di lì a poche ore, che si sarebbe visto se c'era la possibilità di assumerci. Ci troviamo in boulevard Strasbourg; fa molto freddo e per tutto il tempo cade del nevischio.

La mia amica mi suggerisce di lasciarmi sedurre da un vecchio: dice che per perdere la verginità in modo indolore non c'è di meglio. Io mi spavento a morte, ma penso che sia abbastanza vero quello che dice.

Mentre camminiamo vediamo un tipo sulla cinquantina venire verso di noi. È pallido e deve essersi appena sbarbato: non è per niente male! Su di me fa abbastanza colpo, soprattutto quando la mia amica mi dice che sicuramente deve trattarsi di un attore.

Ci sorride e ci chiede se accettiamo una tazza di caffè e dei panini. È a questo punto che la mia amica gli dice che dovrebbe fare l'amore con me, che io sono perfettamente d'accordo e che mi avrebbe fatto un grosso favore!

Io rimango indietro con lui e andiamo a Ménilmontant, dove vive. L'appartamento è al quinto piano, a me pare di essere al «Ritz». Mi fa togliere gli abiti e mi dà una delle sue enormi camicie da notte.

Pranziamo: c'è dell'ottimo arrosto di maiale con patate e buon vino.

Vengo a sapere che lui e sua moglie lavorano nel varietà; la moglie adesso è in tournée. Ha un sacco di costumi divertenti, tutti luccicanti di paillettes come quelli dei Fratellini. Rimango a bocca aperta quando prende la chitarra e canta una canzoncina. Ne sono già un po' innamorata. Quella canzone non la dimenticherò mai! Era così (per due voci).

La luna brilla in cielo
mentre questa notte sta ad ascoltare
una piccola ninna nanna,
piena di speranza e tutta splendente.
E potete sentirla mormorare:
Su, su, innamorati, fate presto.
Poi si allontana sorridendo su per il cielo blu.

Mi dice di prepararmi per andare a letto e io mi stendo tutta felice all'idea che finalmente potrò imparare cos'è l'amore.

Perché quell'uomo mi è molto simpatico: è così gentile e divertente! Mi si stende accanto e fa tante cose carine. Ma all'indomani, quando me ne vado, sono ancora vergine, accidenti!

8
Robert

Mi fermo a Montparnasse, davanti a un negozio di articoli d'arte cinese. La mia amica aveva un appuntamento, così mi ha lasciata... I miei capelli sono tutti appiccicati per la neve, i riccioli se ne sono andati e io ho una fame da lupi.

All'improvviso mi accorgo di essere seguita, è quasi notte. Già l'uomo mi parla. È alto e macilento, con un paio di occhietti acuti.

Mi si avvicina e dice: «Finirete per perdervi, signorina, se non state attenta». E poi mi chiede se voglio andare a prendere una tazza di cioccolata da lui, nel suo studio. A sentire quella parola, cioccolata, mi sento venir meno e, visto che ha parlato di studio, penso sia un artista; così accetto l'invito!

Dopo la cioccolata fumante, con lo stomaco pieno, non me ne importa niente di andarmene o restare. E poi sono sempre curiosa e voglio scoprire che cos'è l'amore, una volta o l'altra!

Mentre saliamo le scale fino alla mansarda, tremo tutta. Ho molta paura di quest'uomo, perché con lui non mi sento sicura come con l'altro... Ha una faccia cattiva e continua a fissarmi...

Porta strane calze, con le dita di fuori; assomigliano a mezzi guanti. Mi dice che ora si usa così e io non ho nulla da obiettare. In ogni modo voglio che mi porti a letto.

Ho urlato e ho sofferto. È stato molto goffo e sebbene non sia riuscito a soddisfarmi lo amo, perché ho ancora delle speranze. Dopo un mese sono ancora mezza vergine. Quanto a Robert, raccoglie le donne al «Dôme» e fa l'amore con loro davanti a me!

Me ne fa passare di tutti i colori. Insiste perché io vada nei *boulevards*; là ci sono un sacco di soldati americani, mi dice. Mi batte e mi sgrida perché «sono una buona a nulla!».

Ho continuato a cercare un lavoro, ma non sono riuscita a trovarlo.

Un giorno mi sono trovata sul boulevard Sébastopol, stanca da morire e giù di morale. Un negro mi ha guardata. Mi ha spaventata... È così nero... Piango e non riesco a vedere più nulla, sono tanto scoraggiata... Poi una tale che batte il marciapiede mi mette una mano sulla spalla e dice: «Va male la vita, eh, povera piccola? Non ho neanche una lira, ma eccoti quattro francobolli, prova a vedere se riesci a venderli!». Non ci sono parole per descrivere donne così. Loro sì, hanno un cuore.

Dopo di allora ho avuto i miei guai. Un giorno devo andare a posare in rue Saint-Jacques. Era un pittore e mi offre del tè. Non ha soldi per pagare e, quel che è peggio, tenta di portarmi a letto.

Sapevo che il mio amante mi aspettava a casa con i soldi per poter mangiare. Quando arrivo alla Gare Montparnasse, mi siedo su una panca e faccio per mettermi a piangere. Sulla stessa panca, all'altra estremità, c'è un vecchio con un pacchettino. Penso si tratti di dolci e così non smetto di guardare da quella parte. Lui mi fissa, io mi alzo e gli racconto cosa è successo. Lui dice: «Vieni dietro alla stazione e fammi vedere il seno; ti darò tre franchi».

Mi spaventa tanto l'idea di tornare a casa senza soldi che nonostante provi ripugnanza per lui, faccio quello che vuole e mi prendo i miei tre franchi.

Me ne torno a casa felice come un fringuello, con pane e formaggio. Ho già dimenticato tutti i miei guai...

E poi un giorno mi butta fuori dicendo che sta per partire per la Bretagna con un amico.

9
Rue de Vaugirard

L'amico di Robert mi presta il suo studio e lo stesso giorno faccio la conoscenza di una simpatica ballerina che mi dà qualcosa da mangiare, mi veste da capo a piedi e mi fa tagliare i capelli alla paggetto.

Dopodiché conosco un pittore, a cui oltre la pittura interessano gli aerei. Mi assume come suo aiuto, e io sono emozionata da morire. Mi dà persino un acconto di venti franchi.

La ballerina parte in tournée e io vado a vivere in rue de Vaugirard, in una vecchia casa con un grande ingresso. Superato l'ingresso, si attraversa una piccola corte quadrata e si scendono dodici o tredici gradini; qui ci sono i seminterrati e un paio di stanzette a finestroni. Non sono entusiasta della nuova sistemazione. Sa di muffa come i funghi. Alla porta accanto abita una donna che non vedo quasi mai; batte il marciapiede nel tratto tra rue de Vaugirard e boulevard Montparnasse. Quando ci incontriamo ci salutiamo con un cenno del capo; il sabato il suo amante rimane con lei tutta la notte.

Un giorno mi prendo uno spavento che non vi dico, quando questa tizia si mette a litigare con dei ragazzi sulla sua porta di casa. Urla: «Signora Kiki!», ma io non rispondo. Continua a urlare che vogliono sfigurarla con l'acido solforico, e vuole che io vada a chiamare la portinaia. Grazie al cielo il marito della portinaia ha sentito tutto quel fracasso e arriva con una pistola.

Quei ragazzi però se ne sono già andati!

Io anche; non ho certo perso tempo nell'andarmene da lì.

10
Una strana abitazione

Ho fatto amicizia con un ragazzo che vive con i genitori; mi aveva assicurato che mi avrebbe tolto dai guai in caso mi fossi trovata senza un posto dove dormire. Un suo zio possiede una baracca dietro alla Gare Montparnasse dove ci si può rifugiare in casi del genere. Così me ne vado là e dormo su un sacco di sabbia. È primavera e posso coprirmi col suo soprabito che mi presta di sera e che viene a riprendersi l'indomani mattina. Le luci della stazione mi battono sugli occhi, ma riesco a dormire abbastanza bene e non ho neanche un po' di paura. Al mattino posso andare a lavarmi nella mia stanza in rue de Vaugirard, dove non sto più per paura di altre scenate a base di acido solforico.

11
Il signor W...

Nei giorni di maggior ristrettezza, cioè nel 1917, ero amica di uno scultore che di tanto in tanto mi dava ospitalità. Un giorno mi dice: «Kiki, ti mando in un quartiere chic, da un tipo mezzo pazzo, a prendere una scultura». Ci vado; suono il campanello pensando che venga ad aprirmi una donna di servizio, invece viene proprio lui. Al primo momento non riesco a vederlo molto bene perché non c'è neppure una finestra; l'unica luce proviene da grandi vetrate, tipo quelle che si vedono nelle chiese, tutte colorate, con la luce dietro. È molto gentile e cordiale, mi fa entrare, e subito dopo mi dice: «Vuoi seguirmi da questa parte, piccina?». Io gli sto dietro, attraversiamo un mucchio di stanze; in cucina intravedo sparse un po' dappertutto sul pavimento, montagne di piatti e di argenteria, ricoperte di muschio, di ruggine grigiastra e piene di funghi.

Attraversiamo una grande sala da pranzo; sulla parete ci saranno state, a dir poco, un cinquanta pistole.

Entriamo allora in un enorme studio, sfarzosamente ammobiliato. Mi mostra una collezione di farfalle e alcuni abiti cinesi, con meravigliosi ricami. Me ne fa provare uno. Mi infilo calze bianche di seta, poi ritorniamo dall'altra parte dell'appartamento.

Ora sono in una sala da fumo. Mi fa sedere su un divano e mette in funzione un apparecchio, che si usa per pulire le setole d'elefante. Serve, dice, a quelli che fanno i braccialetti.

Di tanto in tanto vedo che prende una scatoletta con un bel cucchiaino dentro, che si ficca sotto il naso! Non so di che cosa si tratti con esattezza finché non esce e non mi lascia sola. Ripeto allora il suo gesto e di colpo mi sento molto felice. Mi sono scordata di dire che lo scultore mi aveva avvisato che qualsiasi cosa qui era disseminata sul pavimento e che non era insolito trovare in giro soldi o gioielli. Ma mi ha anche avvertito di non prendere niente, perché questo signore ha sistemato un gioco di specchi per cui, senz'altro, mi può vedere.

Così non ne approfitto molto; rubo soltanto cinque franchi. Mi sento felice, ricca... La cocaina sta facendo effetto! Poi lui mi dice: «Su vieni, ti porto fuori a pranzo, in un ristorante coi fiocchi sugli Champs-Elysées». E per l'occasione mi presta alcuni anelli e dei diamanti. Ma non riesco a mandare giù niente, perché la coca mi ha tolto tutto l'appetito.

Rimango con lui un giorno o due, poi ritorno a Montparnasse.

Quando un paio di giorni dopo mi telefona di andarlo a trovare, io gli rispondo picche. Ho altro pesce in pentola.

Da quella volta non seppi più nulla di lui.

12
La nonna

La nonna era una buona diavola. Credo di non averla mai sentita lamentarsi della tal cosa o della tal altra; per lei andava tutto bene.

Quella volta o due all'anno che andavo a trovarla, potevo portare con me chiunque mi piacesse. Quando mi truccavo, le si illuminavano gli occhi in un sorriso e diceva: «Alice, sei una bella ragazza! E che buon profumo hai!». Le piaceva farsi pettinare da me, e io mi divertivo ad acconciarle i capelli nei modi più pazzi. Le piaceva anche farsi pulire le rughe con l'acqua di colonia... Ne aveva tante di rughe, e tutte intarsiate di sporcizia! Gli unici ricordi che per lei significassero qualcosa erano del 1870, di quando aveva preso a ceffoni un prussiano che le aveva dato un pizzicotto sulle natiche. Anche un altro episodio raccontava sempre: di quando, sposini freschi, il marito l'aveva picchiata.

Ma la sua grande avventura l'aveva vissuta durante l'ultima guerra, quando molti americani si erano accampati attorno a Châtillon. La nonna, bisogna riconoscerlo, è come me sotto un certo aspetto: molto curiosa. Quello che mi sorprende è che la sua curiosità non le abbia procurato guai maggiori. Un giorno, mentre si trovava lontanissima da casa, sulla via del ritorno, intravede una donna che scappa a gambe levate e dietro a un albero scorge un soldato americano che sta preparando un giaciglio di foglie. Gli si avvicina per scoprire che cosa sta facendo, quando l'americano si fa avanti con una manciata di soldi. Finalmente le fa capire che, nonostante la sua età, lui sarebbe disposto... La nonna alla fine capisce, e si prende un tale spavento che senza più pensare al carico di legna, si mette a correre a più non posso attraverso un campo di barbabietole, cosa che non è proprio facile.

«Quel giovanotto», conclude lei ogni volta, «voleva violentarmi lì nei boschi».

La nonna ha un'amica che si è comprata una casetta tutta per sé facendo l'occhiolino agli americani... E il grande rimpianto della nonna è di non avere una casetta tutta sua... Ma che cosa pretendete: lei proprio non ce la fa, ecco tutto!

13
Il periodo di Soutine

Ecco come feci la conoscenza di Soutine.

Stavo uscendo da una mostra con una mia amica, al verde quanto me, quando la mia amica, visto che in tasca abbiamo pochi franchi soltanto, non abbastanza per pagarci una stanza, mi propone di andare da un russo che abita nel quartiere di Falguière. «Vedrai, potremo berci una tazza di tè con i biscotti, là. Poi è un posticino caldo e accogliente». Così ci andiamo. Stiamo salendo le scale, quando sentiamo delle voci... C'è una donna con lui. Ci fermiamo lì sulle scale, senza muoverci. Fa un freddo cane... Siamo state tanto in giro tra la neve mezza sciolta.

Rimaniamo sulle scale fino alle due di notte; battiamo i denti dal freddo, ma non abbiamo la minima idea di dove andare. A questo punto io mi metto a piangere. La mia amica mi dice che forse possiamo trovare Soutine a casa; abita alla porta accanto. Nell'istante stesso in cui stiamo per andarcene, ecco che appare Soutine. Ha un'aria talmente fiera che ne sono un po' intimorita, ma la mia amica mi fa coraggio. Entriamo in uno studio e Soutine passa la notte a bruciare tutto quello che gli capita sottomano per tenerci calde. Dopo di allora, ho sempre avuto un debole per Soutine; per un po' di tempo abbiamo anche fatto coppia fissa.

Aveva anche due amici che con me erano tanto gentili. Formavamo un bel quartetto, noi quattro! A quel tempo, io facevo l'elegantona con gli abiti più belli di tutti gli abitanti del quartiere: un cappello da uomo, una vecchia cappa...

Fosse stato un po' più caldo, me ne sarei andata in giro scalza, perché ogni passo che faccio, lo sento in tutto il corpo.

14
Le mie prime apparizioni nei circoli artistici

Alla «Saint Ouen», la fabbrica dove ho trovato lavoro, hanno deciso di licenziare le donne giovani e di tenere soltanto le mogli degli operai con maggiore anzianità di servizio, quelle con bambini a carico o col marito al fronte. Eccomi una volta ancora disoccupata e senza un soldo.

Prendo l'abitudine di andare al «Dôme» e al «Rotonde», a sbirciare attraverso i vetri, per vedere se dentro c'è qualche pittore. Da parte mia ci vuole un bel coraggio a rischiare quel paio di franchi per mettermi in mostra, quando, se tutto va bene, riesco a racimolare sì e no quel che basta per un caffè e ben poco altro. Si dà il caso che mi imbatta in quel ragazzo che una volta mi aveva prestato il soprabito; è con una masnada di amici, anche loro però al verde quanto me... Giovani pittori con cui passo le notti cantando e posando fin quasi all'alba. Beviamo tè. Uno di loro aveva viaggiato parecchio e sapeva tante storie divertenti, che ci raccontava. C'era anche un biondo che presi in simpatia. Insieme abbiamo passato parecchie ore in piedi al caffè «Rotonde», ma a Libion (il proprietario) io non andavo molto a genio perché non portavo il cappello. Tutto quello che mi concedeva era di restarmene accanto al banco, senza andare nella saletta interna. Come invidiavo le donnine che vedevo lì; sembravano così a proprio agio. Qualcuno mi regala un cappello, e Libion cede un po'...

Faccio la conoscenza di altri tipi e passo sempre più tempo a posare. Non ne vado veramente pazza, perché una certa parte del mio corpo è glabra, e così devo eseguire un tratteggio con il gesso nero. Ma riesco a dare una convincente imitazione dei peli.

15
La vita a Montparnasse

A poco a poco riesco a inserirmi nell'ambiente artistico, ricco di un suo fascino particolare!

Poiché non sempre dispongono di una stanza, sto un po' con l'uno e un po' con l'altro; più spesso con una coppia sposata. Sono sempre così allegra che il fatto che sia povera non conta proprio nulla; parole come guastafeste, malinconico, triste, riferite a me suonano come greco: non hanno alcun senso, ecco! Quel che più conta è che non so nemmeno che cosa significhi essere ammalata.

A quell'epoca andavo a mangiare da Rosalie, in rue Campagne-Première. Ordinavo sempre una minestra. A volte mi coprivano di insulti perché non spendevo mai più dei soliti sei soldi. Altre volte, Rosalie si commuoveva fino alle lacrime, e mi dava da mangiare gratis.

Il cliente che l'irritava più di tutti era Modigliani, che si limitava a borbottare qualcosa fra i denti; mi faceva tremare da capo a piedi.

Ma forse non era un bell'uomo!

C'era anche Utrillo, di cui non ricordo molto. So solo che una volta, dopo aver posato per lui, mi avvicinai a dare un'occhiata alla tela; rimango secca scoprendo che ha disegnato una casetta di campagna. C'era gente che entrava con qualche suo schizzo. Quello che volevano era che lui li firmasse, poi se ne andavano felici come pasque.

16
Millenovecentodiciotto

Ho messo su casa con un pittore.
Non si può certo parlare di *high life*, comunque mangiare si mangia! Ma devo andare a lavorare, fare la coda nelle agenzie di collocamento. Riesco a trovare un lavoro da «Potin». Risciacquo bottiglie per cento franchi al mese.
Ma mi sta spuntando il dente del giudizio; mi si gonfia tanto la gengiva che non riesco a infilare in bocca neppure un cucchiaino. Non potendo mangiare, però, non ce la faccio più a tenere sempre le mani nell'acqua per risciacquare le bottiglie: mi viene ancora più fame!
Mi sono trovata un nuovo posto, in una legatoria. Dopo otto ore di lavoro, ho un dito quasi tagliato in due. Poi mi viene un patereccio e devo smettere di lavorare.
I primi cent'anni della vita sono sempre i più duri!
Per via del troppo tè e dei troppi panini non è che scoppi di salute! E una sera vado a letto certa di non tirare mattina. Ho il cuore in condizioni pietose; il mio amico si spaventa a tal punto che afferra la scopa di pezza che usiamo per il pavimento, la inzuppa d'acqua e con quella comincia a massaggiarmi energicamente. Continuo a stare male, e così mi infilo un cappotto senza un filo di maglia sotto e mi dirigo a piedi verso l'ospedale Cochin.
Appena arrivata, mi fanno un bagno e mi mettono addosso la camicia regolamentare. I dolori al cuore non cessano e il medico di turno mi guarda terrorizzato e sussurra qualcosa all'orecchio del mio

amico. Questo non serve certo a farmi cessare le palpitazioni. Poi l'infermiera mi mette a letto e mi dice: «Vedi cosa succede a non fare la brava ragazza!». Quegli idioti pensavano che avessi preso la cocaina! Ma si può?

Rimasi quattro giorni in ospedale. Di tanto in tanto avevo una crisi cardiaca. I medici dicevano: «È un fenomeno nervoso. Non c'è niente da fare!».

Non ce l'avrei proprio fatta a starmene lì a lungo. Mi sentivo morire dalla paura, specialmente la sera quando una sola luce fioca illuminava l'intero stanzone, e non si sentiva altro che il rantolo dei moribondi...

Le infermiere erano sgarbate e insolenti. Attaccai briga con una di loro che se la prendeva con una vecchina di centouno anni, colpevole di aver bagnato il letto. L'infermiera le aveva urlato in un orecchio: «Non vi vergognate, fare ancora queste cose alla vostra età?». Poi una notte la poverina chiese la padella, ma con voce così fievole che l'infermiera non riusciva a sentirla. Io mi misi le mani ai lati della bocca, a mo' di megafono, e urlai:

«La padella, per favore!».

L'infermiera si inviperì. Le dissi che, quanto a me, ero andata lì a morire, ma visto che sembrava non ce la facessi, me ne sarei andata via l'indomani mattina. Parlai con il medico e lasciai l'ospedale. Mi chiedo se per donne come queste senza la minima pazienza non sia meglio piuttosto andare in giro a spazzare le strade.

17
Millenovecentoventi

Esco di casa molto presto un mattino.
Voglio andare al «Rotonde» o al «Parnasse», dove c'è un arabo che tutte le mattine si mangia una mezza dozzina di panini senza pagare un centesimo. Decido di provarci anch'io.
Ci trovo Husson, che sta uscendo dal «Montparnasse». La sera, sulle terrazze del caffè, vado a vendere i giornali per conto suo. Mi dà cinque soldi al giorno, quel che mi basta per mettere sotto i denti qualcosa di più consistente che non il solo pane. Capita spesso che mi chiedano di mostrare il seno per dieci soldi.
Non devono star lì tanto a pregarmi!
Il «Rotonde» si è ingrandito ora, così al caffè «Parnasse» non ci vado più di frequente come una volta. Mi piacciono le luci sfolgoranti e i quadri alle pareti. Inoltre il «Rotonde» è sempre frequentato da gente divertente.
Ho fatto un accordo con la donna dei gabinetti, che mi lascia mangiare con lei. La trattano coi fiocchi, perché Brosset si rende conto che fa un bel lavoro. I cuochi scaldano l'acqua per me e io mi faccio il bagno al gabinetto. C'è una bella differenza, qui, in ogni caso; ci si sente come a casa!

18
Kisling

C'è un nuovo cliente, che ha tutta l'aria di aver preso molto sole. Porta la frangia ed è un tipo di «duro». Non oso guardarlo troppo a lungo, perché l'ho sentito dire al direttore: «La nuova sgualdrinella chi è?».

Non mi vanno questi commenti.

Non dico niente, perché mi intimorisce un po', ma senza perdere tempo corro a raccontarlo al mio amico. «È Kisling», dice lui con ammirazione.

E poi mi presenta a Kisling!

Comincia a farmi le domande più strane, quando mi siedo al suo tavolo sulla terrazza; mi chiama bagascia e puttana sifilitica, il tutto con il tono più cordiale che si possa immaginare.

Ne sono offesa, e decido di lasciarlo perdere.

Peccato, perché mi piace!

19
Poso ancora

Kisling promette di non trattarmi più così, mi fa un contratto di tre mesi. Ma il più delle volte non si riesce a combinare niente. Lui si mette a urlare con tutto il fiato che ha in corpo per farmi ridere, oppure fa un sacco di versacci, facciamo a gara a chi dei due riesce a superare l'altro. Questa è l'unica cosa che riesca ancora a divertirmi! Dopotutto è molto simpatico: uso sempre il suo sapone e il suo dentifricio e lui non dice nulla: è il tipo più in gamba di questo mondo!
È veramente un formidabile compagnone!
Zborowski sale fino a lassù parecchie volte ogni mattina, solo per dare un'occhiata e vedere cosa succede.
Capita anche Fels. Di lui non ho paura. Mi osserva come se fossi un pezzo di bue esposto in una macelleria. Ha un sorriso che lascia intendere mille cose e un paio di occhietti cattivi. Sa bene dove deve guardare!

20
Millenovecentoventidue – Fujita

Poso anche per Fujita.

Avevo la mania di andarmene in giro a piedi nudi, e lui non s'è preso la briga di mettere neppure un tappeto.

Quando riusciva a vendere un quadro per cui avevo posato, mi dava due o trecento franchi. Altre volte si divertiva a buttare una banconota da cinquanta soldi lontano lontano; avreste dovuto vedere che corse facevo per prenderla! Ma di lui andavo semplicemente pazza! Era un uomo affascinante. Spesso capitavo lì e restavo a guardarlo lavorare.

Lui allora mi chiedeva di cantargli *Louise*, e io imitavo il suono di un'orchestra, con il crescendo della tromba. Lui scoppiava a ridere, e diceva ancora: «Divertente!».

Ecco un altro brav'uomo semplice e simpatico.

21
Man Ray

Ho fatto conoscenza con un americano che fa bellissime fotografie. Poserò per lui. Ha un accento che mi piace e una cert'aria misteriosa.

Mi dice: «Kiki, non guardarmi così! Mi confondi...!».

Sono stata al cinema a vedere *La signora delle camelie*. Ce ne stavamo là, mano nella mano, e Wassilieff (non lo conosco molto bene) era con noi. Ci guardava come se capisse.

Ora è il mio amante. L'altro se ne va via, e io non riesco a decidermi a seguirlo.

Se ne va.

Io resto.

Continuo a vivere la vita di sempre.

Il mio nuovo amico non è ricco, ma qualcosa riusciamo sempre a mettere sotto i denti, da «Delma», da «Bretelle», o da «Rosalie».

Parla il francese quel tanto che basta per farsi capire; la gente la fotografa nella stanza d'albergo dove viviamo e la notte io me ne sto distesa sul letto, mentre lui lavora al buio. Distinguo la sua faccia sopra la lucetta rossa, e lui sembra il diavolo in persona. Sono così sulle spine che non riesco ad aspettare che abbia finito. Usciamo con dei tipi che si chiamano dadaisti e altri che si fanno chiamare surrealisti, ma io non riesco a vedere questa gran differenza fra loro! C'è Tristan Tzara, Breton, Philippe Soupault, Aragon, Max Ernst, Paul Éluard, ecc...

Le notti le passiamo a parlare, il che non mi dispiace affatto, anche se non riesco a capire di che cosa si stia parlando.

Ho una grande ammirazione per la sua arte; fa delle belle foto. Quella che mi colpisce di più è la foto della *marquise* Casati, fatta attraverso un vaso di vetro colmo d'acqua e di foglie. Ma la *marquise* è venuta un po' mossa, e questo produce un effetto straordinario.

Lui riceve, voglio dirvelo, in questa stanzuccia d'albergo tutta l'aristocrazia e gli uomini più famosi.

Man Ray non ha mai smesso di dipingere, pur dedicandosi alla fotografia. Anche i suoi quadri sono straordinari. Come nelle sue foto, usa tre colori soltanto: il nero, il bianco e il grigio. Quello che fa disperare Man Ray è che io abbia gusti da negra. Vado matta per i colori sgargianti!

Tuttavia, a lui i negri piacciono!

22
Il «Jockey»

Abbiamo inaugurato un nuovo, piccolo night club, che ha tutta l'aria di diventare un posto *à la page*. Lo chiamano «Jockey» perché Miller, che ci ha messo il capitale, fa il fantino. Al piano c'è Hiler, il pittore; è un pianista coi fiocchi. Hiler non si capisce mai come la pensi. Ti fissa con aria svagata e sembra nascondersi dietro a quelle sue grandi orecchie. È a lui che dobbiamo la divertente decorazione. Le pareti sono tappezzate di manifesti fra i più strani che si possa immaginare, e tutte le notti ci ritroviamo come una grande famiglia. Si beve tutti quanti moltissimo, si è tutti quanti felici.

Di americani ce n'è a battaglioni, e che ragazzi sono!

Ogni cliente può servirsi da solo. C'è un russo grande e grosso che si ostina a chiedere all'orchestra le danze nazionali. Tutto quel che riesce a fare è accasciarsi, e qualcuno deve aiutarlo a risollevarsi prendendolo sotto le ascelle. C'è anche la bella Florianne che esegue i balli piccanti che vanno tanto, e altri ancora. Passano i mesi e gli anni e il «Jockey» è sempre di gran moda; la grande attrazione del quartiere. Ci sono nuovi capoccia: Daddy Londish, tanto simpatico, e Henry, il nuovo direttore. Lui si diverte quanto i suoi clienti. Se la serata finisce a pugni, lui dà ragione a tutti! Non vuole contraddire mai nessuno, anche se sa difendersi eccome! Se volete sapere il mio parere, penso sia la fine del mondo!

Gli artisti che partecipano allo spettacolo possono batter cassa fra il pubblico. C'è una certa Chiffon, una cantante... È piena di vita, ma si tiene sempre una nota o due al di sotto del piano, tirando secchi quelli dell'orchestra. Ha anche una divertente pronuncia blesa! Ah, be', sì... ha anche qualcos'altro che fa molto colpo. Lei... be', al metro e mezzo d'altezza ci arriva appena appena, e non intendo a piedi nudi! Ma Chiffon è un fior di donna e tutti vanno pazzi per lei.

Arrivano altre cantanti, di quelle che si credono troppo spagnole per parlare, capite?... Hanno le gambe grosse e i fianchi stretti. Come dice Chiffon, sono le «facce di m...». Io e Chiffon mostriamo loro come devono fare. Ma tutti, quando c'è il loro numero, fanno baccano a più non posso. Queste nuove non godono di molta popolarità, perché gli altri le ritengono delle intruse. Quanto a me, non riesco a cantare se non sono sbronza, e non riesco a capire come le donne di questo tipo possano fare quel che devono neanche fossero sedute a p... Io poi ho orecchio, ma una memoria dell'accidenti; menomale che la mia amica Treize mi suggerisce le strofe e le mosse. È lei quella che all'indomani mattina mi viene a dire che, mezza sbronza com'ero, la sera precedente ho preso almeno venti appuntamenti. Io e Treize siamo fatte così! Qualsiasi cosa una di noi due prenda o dia (che si tratti di un pugno sul naso o altro) si fa al cinquanta per cento! A Parigi vengono tutti a divertirsi al «Jockey»... Attori, stelle cinematografiche, scrittori, pittori... Van Dongen viene spesso, e Kisling, Per Krohg, Fujita, Derain...

E quasi tutte le sere c'è Ivan Mosjukin con quei suoi occhi che fanno tanto colpo sulle signore! Lo chiamano «Kean», per via dello spettacolo in scena a quel tempo... Viene anche Jacques Catelain, e che donne, che abiti!

23
New York

Vado negli Stati Uniti.

Sono tutta agitata, perché temo che New York sia diversa da come appare nei film.

Viaggio su una nave inglese, e in questa cosa non c'è niente di elettrizzante! Nella cabina ci sistemano in tre donne. Quando entro per andare a dormire la prima sera, una di loro dorme supina a bocca aperta. È gialla come un limone e ha i denti così lunghi che arrivano fino a metà cabina. L'altra russa della grossa. Ho tirato le tendine attorno alla sua cuccetta. La mia cuccetta è così alta che non riesco a salirci, e così vado a dormire in corridoio. L'indomani mattina, alle sette, quando entro, mi guardano male; ma io glielo spiego che non avevo la scala. Quella con i dentoni lunghi passa un'ora a pulirseli, e poi è il turno dell'altra. Con me si dimostrano subito molto amiche, e io faccio vedere anche i miei denti, tanto per provare che sono una donna di spirito.

Bevo un sacco di champagne. Ho le gambe pesanti, però non soffro il mal di mare. Ma tutto quel che riesco a mandare giù è una tazza di caffè. Penso a Montparnasse e mi prende la nostalgia. Quella distesa d'acqua mi fa venire i brividi, soprattutto quando il mare è infuriato.

La nave cigola e geme, e ci dobbiamo fermare molto spesso per la nebbia.

Arriviamo di notte.

Non ne posso più che faccia giorno per sbarcare e fare una passeggiata. Scendo al «Lafayette», un albergo francese, dove bevo del buon vino. Mi fa venire in mente la mia Parigi; peccato però che lo servissero in certe tazze che gli toglievano ogni gusto.

Passo quasi tutti i pomeriggi al cinema, le mattine sugli autobus (così posso vedere tutta New York). La gente lì non si impiccia degli altri; potete andarvene a passeggio tranquillamente senza dovervi preoccupare di essere pizzicati dalla polizia.

Non giro nessun film per la Paramount. Arrivo fin lì per fare un provino, ma prima di entrare nello studio voglio darmi una ravviata ai capelli. Quando scopro di aver dimenticato il pettine, divento matta e così tutto quello che faccio è di tornarmene a casa. Oh be', forse è stato meglio così. È molto più divertente andarci, al cinema, che non farlo. Ricordo la prima volta che tentai di prendere parte a un film in Francia, fui fatta quasi a pezzi dalle scimmie, perché di loro io me ne impipavo. Questo accadde nel film *La galerie des monstres*. L'orso voleva fare l'amore con me, e le luci mi accecavano.

Ma, come si suol dire, questa è tutta un'altra storia.

24
Villafranca 1925

Eccomi a Villafranca.
È febbraio, piove, e soffro un po' il tempo.
Mi manca il mio «Jockey Club».
Ho una bella stanza al quarto piano. La divido con una mia amica. Scendiamo al bar dell'albergo, ci troviamo alcuni marinai americani. Salgo e dico: «Mi fanno un po' paura quei bestioni!». Comincio a sentirmi a mio agio in albergo. Incontro un mucchio di vecchi amici: una ragazza americana che è qui col fratello, Jean Cocteau e alcuni amici suoi e altra gente ancora... si sta creando l'atmosfera di un party in famiglia; e intanto anche tutti i marinai americani sono diventati miei amici.

Cominciamo a ballare verso le cinque di sera e la smettiamo alle tre del mattino. Ci sono parecchie donne di Marsiglia e di Nizza; seguono la nave di porto in porto perché a bordo ci sono i loro innamorati. Alcune di queste puttane sono molto carine e si comportano bene... Quasi quasi si potrebbero definire eleganti, se non fossero un po' trascurate. Quando la nave lascia il porto eccole lì tutte in fila con il fazzoletto in mano, e vedeste come piangono! Arrivano fino al limite estremo del molo, così hanno l'illusione di partire con i loro amici.

Per ben otto giorni continuano a disperarsi!

Passano le giornate a scrivere lettere, e la sera cercano di scordare i loro guai con altri marinai.

Ci hanno appena raggiunti Treize e Per Krohg. Vanno pazzi per i bei marinai. Ne abbiamo adottati cinque o sei con i quali scherziamo da mattina a sera.

Per Krohg non si stanca mai di buttar giù schizzi di marinai. Per distrarsi un po' ogni tanto mi dà un pizzicotto sul posteriore. Treize si diverte come una pazza, ma a me non fa né caldo né freddo. Sono provvista di un didietro a prova di tutto.

25
Guai con la polizia

Per Krohg, Treize e altri nostri amici ritornano a Parigi. Io rimango con la mia amica che ha diciott'anni.

Una sera vado a cercare dei marinai che conosciamo in un bar inglese dove non sono mai stata. Faccio appena in tempo ad aprire la porta che il proprietario si mette a urlarmi da dietro la cassa: «Niente puttane qui!».

Mi precipito verso di lui e gli scaravento addosso una fila di piattini. La mia amica si butta nella mischia, ma sta per arrivare la polizia! Riusciamo a squagliarcela in un altro bar, però ci seguono; e poi il nostro albergo è preso di mira dall'intera Villafranca perché lì si danno troppo da fare.

L'indomani mattina, verso le otto, mi mandano a chiamare. Scendo nell'atrio e attraverso la porta semiaperta intravedo una faccia rossa e un'uniforme di poliziotto. Il poliziotto mi fa segno di avvicinarmi.

Ma il bello deve ancora venire.

Se ne va e ritorna con un tale in borghese dall'aria sfaticata. Questo mi dice che sono in arresto e mi si presenta come commissario capo di Villafranca.

Si comporta come se fosse mezzo tocco e trema tutto. Siccome non mi muovo abbastanza in fretta per i suoi gusti, dice all'altro che è con lui: «Su, ragazzi, occupatevi di lei!». Quelli mi saltano addosso e il commissario capo mi dà un colpo in testa. Non è che io m'aspettassi proprio un colpo, così cado braccia in avanti contro il poliziotto.

«Ah, ma bene, adesso vi mettete anche a fare violenza a un pubblico ufficiale!», mi dice allora lui e continua a insultarmi per tutto il tratto fino al commissariato, dove mi consegnano a un poliziotto grande e grosso... Un poliziotto da capo a piedi, intendo, con la faccia da bulldog.

26
In prigione

Mi portano in una cella buia dove c'è soltanto un tavolaccio, quel che resta di una bicicletta, e un sacco di altre cianfrusaglie...

Ho avuto tutto il tempo di pensare ai casi miei, quando ecco aprirsi la porta ed entrare una delle mie amiche in singhiozzi, con un canestro sulle braccia, seguita da un poliziotto.

Lo guardo, e vi assicuro che mi viene voglia di torcergli il collo. Mi fanno uscire e mi portano a Nizza. Devo salire sul furgone cellulare e quando arriviamo tutto quello che riesco a vedere davanti a me è una parete grigia.

Mi squadrano da capo a piedi.

Quanti corridoi e quante porte! Mi fanno strada fino alla mia cella. Una guardiana mi mostra la branda e il bugliolo fissato con una catena, poi se ne va...

Io sono spaventata a morte. È buio! Chiedo una lampada e quelli mi ridono in faccia. Mi lascio cadere sulla cuccetta e piango. Dai quattro anni in avanti, non ho mai dormito al buio! Comincio a ululare come fanno i cani di notte, finché la donna sulla cuccetta sopra la mia urla: «Vuoi darci un taglio?».

Nonostante le pareti siano molto spesse, mi arriva il pianto di altre donne. Ce n'è una, lì accanto, che è più vecchia di me, e per lei penso sia anche peggio.

Alle cinque del mattino vengono a chiedermi che cosa voglio da mangiare, perché mi trattengono in detenzione preventiva.

I giorni non passano mai. Le vacanze pasquali rinviano il tutto e sebbene mi abbiano dato una nuova cella, comincio a pensare che di qui non uscirò più!

Ho visite. Viene a trovarmi una tale dall'aria materna, si assicura che non resti mai senza tabacco e senza vino. La sera sguscia nella mia cella con una tazza di cioccolata fumante. È una vecchia grassa dalle guance rosse.

Se voglio lavarmi, devo lasciare la bacinella sotto il rubinetto tutta la notte. Il mio bugliolo, poi, non viene mai pulito e appesta l'intera cella.

Mi prendono le impronte digitali e mi passano da capo a piedi, casomai avessi qualche cicatrice.

Un mio amico mi manda un avvocato, ma lui si comporta come se non credesse a una parola di quanto gli dico!

Ci danno un'ora di ricreazione. Ogni carcerato ha una piccola corte triangolare.

Mi hanno prestato *I tre moschettieri*. Mi ha divertito, ma ormai lo so a memoria!

Devo andare a deporre. Il cellulare passa a prenderci; siamo in quattro donne, nove uomini, più un paio di poliziotti che puzzano come chissà che cosa. Ma non è ancora la volta buona per me, quindi via, di nuovo in cella. Questa si chiama scalogna! Il momento più brutto del giorno, per me, è quando si fa notte, e la mia cella cade nell'oscurità, non fosse per quel barlume di luce riflesso sul soffitto. C'è una stazione ferroviaria lì nei paraggi, e sento i treni fischiare e la prigione sembra dormire, come una fortezza addormentata!

Sono qui da dodici giorni, e domani c'è il processo. L'avvocato ha promesso di tirarmi fuori, ma mi fa notare che a mio carico ci sono vari capi d'accusa: resistenza a pubblico ufficiale, atti di violenza contro un tutore della legge: normalmente questo significa sei mesi di prigione. Se mi condannano mi uccido. Credo che non riuscirò mai a dimenticare (almeno per anni interi) l'odio che sento dentro di me in quel momento!

27
Davanti ai giudici

Oggi devo presentarmi davanti al giudice.
Giudice. Ma chi mai ha il diritto di giudicare?
Ho con me i sali. Sono molto debole; in tredici giorni ho perso quasi quattro chili e mezzo. Prendo posto ancora una volta sul cellulare. Mi ritrovo con alcuni tipi che già erano con me l'altro giorno. Come sono ridotti! Mi chiedo se anche loro pensano la stessa cosa di me.
Il poliziotto vuole che mi sieda sulle sue ginocchia. Forse crede di farmi un favore. Preferirei le ginocchia di un qualsiasi pidocchioso di quelli!
Eccoci arrivati.
Siamo in molti. Potrò deporre verso mezzogiorno.
Steso sul pavimento c'è un tale che si lamenta, mentre gli altri attorno lo tengono fermo. Ha una crisi epilettica. La faccenda fa colpo sui giudici. Il poveretto ha fatto qualche modifica alla sua patente di autista! Il passaggio è così stretto che quando mi chiamano devo scavalcarlo.
Tocca a me. Mi vergogno tanto, divento di fuoco e non so più quello che faccio! Il mio avvocato mi sussurra di stare calma e di fare l'innocentina! Non rispondo. Non so cosa dire.
C'è il mio amico, accompagnato da tre o quattro della sua banda, testimonierà a mio favore. Mi rattrista incontrarlo in simili circostanze e mi metto a piangere. Prima di me c'è una vecchietta che ha rubato una crocetta d'oro. Piange e la lasciano andare. Poi è il turno

di una ragazza con la testa rapata; viene dall'ospizio e non ha avvocato. Un signore con cui è andata a letto ha perso il portafoglio e accusa lei.

Tre mesi! Bisogna vedere quel faccino triste!

Ecco poi una brunetta tutta pelle e ossa; ha quindici anni e parla con l'accento di Marsiglia. Ha fatto baruffa con un agente della squadra del buon costume. Minaccia di andarlo a scovare e dice al giudice che l'hanno pizzicata perché non voleva intendersela con i «pezzi grossi». Due mesi! Mi dice con il suo accento caratteristico: «Facce di m...! Due mesi, quando non ho fatto niente!»... Tocca a me.

Io non mi interesso molto di loro, e quelli fanno altrettanto di me.

Il giudice con la barba bianca, quello che sta in mezzo, mi chiede se avevo bevuto, gli rispondo che no, nel modo più assoluto. Lui mi dice che allora il mio gesto è ancora più riprovevole. Stiracchiandosi la barba aggiunge che in sala c'è il mio amico! Guardo il mio amico e capisco che se avesse una pistola, il giudice avrebbe smesso da un pezzo di stiracchiarsi la barba.

Il funzionario di polizia è qui, pronto a giurare che io l'ho picchiato e insultato. Uno dei testimoni che si è portato dietro dice con un accento strano: «Oh, sì, gli ha mollato un bel pugno». Ma quel tale del bar, che però non si è fatto vedere, ha inviato una dichiarazione precisando che era stato lui a insultarmi per primo, che la colpa era sua e che, se venivano pagate le spese processuali, lui ritirava la querela! Quell'essere stupendo del marinaio che al momento dell'incidente era con me aveva organizzato una colletta a mio favore fra le varie navi e tutti i suoi amici se l'erano presa tanto a cuore che erano riusciti a racimolare venticinquemila franchi: prezzo della mia libertà! Ma quel figlio di p... del funzionario di polizia s'era giurato di farmela pagare, e di tenermi a pane e acqua per almeno sei mesi.

A questo punto parla il mio avvocato. Dice al giudice che sono un po' pazza e mostra certificati comprovanti i miei disturbi di origine nervosa. Il momento più brutto è quando il mio avvocato si gira verso di me, e mi dice: «Ringrazia questi signori!».

Questo sì mi è difficile!

Ed eccomi qui, di nuovo libera!

Vado a Parigi e poche sere dopo sto già cantando al «Jockey Club» *Les filles de Camaret*, una canzone dedicata a me che divenne piuttosto popolare. E naturalmente non posso non fare una scappata al mio caro «Dôme», e Papà Chambon quando mi vede mi dice: «Ah, eccoti briccona!». E come sempre mi allunga una sculacciata! E rivedo Ernest che ha sempre più l'aria di un bambino alla sua prima comunione e più cordiale che mai; mi chiedo se è ancora vergine. Ah! Montparnasse! Come avevo bisogno di te per dimenticare!

28
Jean Cocteau

La prima volta che vidi Cocteau fu da Man Ray, da cui venne a farsi fare una fotografia. Si era messo un paio di guanti di lana rossi, bianchi e neri. Al primo momento pensai che volesse farsi fotografare i guanti!

Approfitta dell'occasione e si fa fotografare anche i capelli e gli occhi, che sono irrequieti ma belli... Occhi simili a due diamanti...

Ho visto Cocteau molte volte, e ogni volta l'ho trovato più simpatico. È così affascinante e talmente semplice, ho l'impressione di conoscerlo da sempre. Ho fatto un suo ritratto a memoria, c'è chi pensa che non fosse affatto male. L'hanno venduto a Londra. Rividi Cocteau alla mostra al «Bœuf sur le toit», in rue Boissy-d'Anglas, dove Doucet leggeva storie d'amore recitandole divinamente.

Nel 1925 ci ritroviamo nel medesimo albergo a Villafranca. Lui ha, come me, una grande passione per tutto ciò che sa di mare. Ci incontravamo tutte le sere nel piccolo bar dell'albergo e ci divertivamo a guardare i marinai e le prostitute. Di questo periodo sono rimasti parecchi bei disegni di Jean. Da Villafranca una volta mi ha mandato una lettera divertentissima, ma purtroppo è un po' audace, così non posso riprodurla qui! Ci sono forse cose audaci?

In questa lettera si finge il proprietario di una casa di tolleranza che scrive a una sua pensionante... È una lettera piena di rimostranze e di buoni consigli.

Questo ci porta nel 1929. Ho rivisto il mio buon amico Jean Cocteau in altre occasioni. Spesso veniva a sentirmi quando cantavo al «Bœuf» in rue de Penthièvre. La sua presenza mi dava maggiore sicurezza. Capisco bene che anche i suoi amici che gli stanno attorno sono affascinati dai suoi modi e dal suo spirito. Di lui vanno pazzi. A me regala una collana degna di una regina.

29
Montparnasse 1929

Eccomi di nuovo a Montparnasse, il paese della libertà per me, perché qui posso entrare dove voglio senza il timore di finire a pane e acqua.

La gente è di vedute larghe, e quello che da qualsiasi altra parte sarebbe ritenuto un crimine, qui si considera semplicemente un passo falso.

Montparnasse è talmente pittoresco, talmente vivace! Vengono da tutte le parti del mondo a piantarci le tende, eppure è come una grande famiglia.

Al mattino si vedono passare giovanotti vestiti senza troppe pretese e ragazze bianche e rosse, diretti alle scuole d'arte, alla «Watteau», alla «Colarossi», alla «Grande Chaumière», ecc... Più tardi, le terrazze dei caffè cominciano a riempirsi di gente e capita di trovarci gli americani con la loro farina d'avena davanti, gomito a gomito coi francesi *picons-citron*. La gente va al caffè per starsene un po' al sole. È qui che si incontrano tutte le modelle. Sono molto fedeli al loro lavoro: Aïcha, Bouboule, Clara... Di ragazze altrettanto carine ne rimangono poche quando loro se ne vanno! La sera mi trovo ancora una volta con i miei compagni di baldoria: Fujita e la graziosa Yuki; Derain, che è il primo a divertirsi alle sue storielle; Kisling con le camicie alla Tom Mix e la moglie, la più mattacchiona di tutta Parigi. Vi è Desnos, tutto indaffarato per quel po' di lavoro che gli hanno commissionato; e riesce a dare l'impressione di essere un tipo dinamico.

E Sessue Hayakawa, che si fuma la sua solita pipa senza battere ciglio, e Fernanda, sempre in movimento con l'eterno sorriso sulle labbra, e fa più baccano lei sola che non una tavolata di cento persone. Ha splendidi occhi che vedono maledettamente lontano. Forma con Marga, Treize, Edouard, Ramond, Arbens e molti altri che non dimenticherò mai, ma che non posso nominare tutti perché sono in troppi, una formidabile piccola folla che qui a Montparnasse si finisce con l'incontrare un po' ovunque.

C'è Man Ray, che sembra stia sempre guardando in un mirino, o che stia sognando a occhi aperti una nuova fantastica macchina fotografica.

C'è Lucy, e c'è Pascin, con la bombetta sempre più sugli occhi. Parla a voce bassissima e passa in rivista uno a uno quelli della sua banda. Ha sempre voglia di scherzare, ma ciononostante ha un cuore grande così; glielo si legge negli occhi. È buono come il pane.

Per farla breve, Montparnasse è un posto rotondo come un circo. Ci si entra non si sa come, ma uscirne non è facile!

C'è gente che per sbaglio è scesa dalla metropolitana alla stazione di Vavin, e che da allora non ha più lasciato il quartiere ed è rimasta lì tutta la vita. Quanto ai borghesi che capitano da queste parti, non ci capiscono nulla, e ne sono così spaventati che se la svignano appena possono! Montparnasse è seconda solo alla «Berlitz School», quanto a lingue. Da quando ho messo piede qui, ho dovuto parlare perfino in cinese; ma non mi do per vinta.

La sera, all'ora dell'aperitivo, si incontrano un sacco di buoni amici. Il grosso problema è dove andare a mangiare. Qualche volta si va da «Djiguites», dove le cameriere sono presunte principesse russe; oppure al ristorante scandinavo, ma qui, se volete il mio parere, l'atmosfera non è così elettrizzante. Talvolta ci si incontra verso le dieci o mezzanotte al caffè «La Coupole». È qui che cominciano a volare le barzellette e Derain si mette a fare scherzi. Una volta, dopo un lauto pranzo mi sembra, si mise in testa di far girare con i piedi gli sgabelli del bar; tutti quei poveretti che c'erano seduti sopra furono scaraventati per terra.

È un vero peccato che siano sparite tutte le osterie dove uno poteva farsi un bel pranzetto.

Trovare qualcosa da fare per la sera non è molto difficile; c'è solo l'imbarazzo della scelta!

Sale da ballo ce n'è a decine. A mezzanotte, spesso, le ho già girate tutte. Qualche volta organizziamo anche delle feste, come quelle da Fujita, dove Robert Desnos ci fece ascoltare vecchi dischi che aveva comprato con Yuki al *marché aux puces*, di quando Mercadier e Paulus cantavano ancora. Talvolta ci accalchiamo tutti da Pascin, che invita chiunque a casa sua. Lui lotta con le bottiglie e i cavatappi. Spesso ci troviamo le sue modelle, modelle di ogni tipo! Gli piace avere attorno un mucchio di gente.

Qualche volta organizza scampagnate e vuole che tutti vi partecipino! Non di rado c'erano anche cinquanta o sessanta persone attorno a lui ad ascoltare le sue storielle: André Salmon; Nils Dardel e la sua storia del coniglietto, Aïcha, Gallibert, Lucy, Simone, Zborowski, Soutine e altri ancora.

E poi, poi ci sono i balli in grande stile!

Il *Bal de la Horde*, il *Bal Russe*, e specialmente il *Bal Suédois* alla «Académie Watteau». Non ne perdo mai uno, ci si diverte più qui che da qualsiasi altra parte. Mi è capitato di incontrarci scandinavi anche loro allegri né più né meno degli altri.

Ci sono poi le sere in cui si va al cinema, al «4 Colonnes», in rue de la Gaîté, o al «Bobino».

Certe sere, devo ammetterlo, tentano di farmi deviare dalla buona strada e di condurmi a Montmartre.

Ma io mi rifiuto di disertare!

Seconda parte

30
Una grande scoperta

Sono trascorsi ventitré anni da quando ho messo la parola *finis* ai miei *Mémoires* lasciandomi così confinare da quei meravigliosi americani, Ernest Hemingway e Samuel Putnam, nel tragico Parnaso delle celebrità mondiali.

Tanto vale essere franchi. La celebrità mi tolse da un mondo stravagante in cui io mi sentivo perfettamente a mio agio, per depositarmi, *kerplunk*, su una serie di soglie, le cui porte si aprivano cautamente e sospettosamente al mio bussare, e mi si chiudevano sulla faccia con un colpo secco nel momento stesso in cui tentavo di entrare. Alla fine ci rinunciai, perché non faceva per me.

Che senso c'è a giocare a nascondino, mi dissi, *con queste tube, quando il tuo cuore sarà sempre in eterna beatitudine davanti a quei marinaretti che emergono dalle fosche onde e come un solo uomo vanno alla ricerca del primo bar che capita, con quei buffi berretti di traverso sulla fronte abbronzata?*

Feci i soldi con i miei *Mémoires*, naturalmente. Ma quanto durano un po' di soldi... soprattutto se siete una celebrità?

Finiti i soldi, cercai di farne altri lavorando. Visto che qui a Parigi, a posare una riesce sì e no a procacciarsi un pasto o un letto, e che non so di che altro scrivere, tento di darmi alla danza, al canto, alla pittura.

So ballare malissimo.

Se c'è qualcosa che faccio anche peggio è cantare.

Quanto a dipingere, basta dare un'occhiata ai miei quadri per capire che se proprio non sono malvagi, non valgono neppure più di una cartolina illustrata.

Nei *café* non ne vogliono sapere di me né come cantante né come ballerina. Black Pierre (il proprietario dell'ultimo *café* da cui sono stata sbattuta fuori) mi ha avvertita che se mi faccio ancora vedere da quelle parti mi rompe l'osso del collo.

Le faccende andarono di male in peggio finché un giorno, vagabondando lungo le rive della Senna, studiando la possibilità di farla finita nel modo più tranquillo per me e per la polizia, adocchio qualcosa che mi affascina enormemente, nel fosso di scarico. Lì, nello sporco, c'è un pesce, immoto sì, ma non privo di una certa dignità. Senza alcun dubbio è morto; la morte, però, sembra avergli conferito una specie di sfolgorante nuova esistenza. Mi attira con il magnetismo degli oggetti che si trovano nelle viscere degli animali disegnati da Picabia e da Picasso; mi sembra che sia andato a finire in quella parte di Parigi solo per la mia salvezza.

Senza pensarci, mi chino, lo prendo e lo tengo alla luce del sole, per osservarlo meglio. È giallo come l'oro, i suoi occhi hanno uno sguardo bluastro come quello di un qualsiasi pesce degno di tale nome, e ha un puzzo assolutamente delizioso, d'un effetto che persino Picasso non riuscirebbe a raggiungere.

Senza: rendermene conto, mi metto a parlare con lui.

«Che cosa me ne faccio di te?», gli chiedo.

«Il problema non è tanto quel che farai tu di me, ma quello che io me ne farò di te», è la risposta inaspettata.

Scuoto il capo tristemente.

«L'unica cosa certa è che non puoi sfamarmi», dico io, «e questa è la cosa che desidero più di ogni altro al mondo. Non mangio da diciotto ore».

Con mia grande sorpresa, anzi sbalordimento, il pesce ha una risposta pronta anche per questo.

«Che cosa ti fa pensare che io non possa sfamarti?», chiede. Sorrido in modo amaro.

«So che questo ti sembrerà antisociale e forse ti irriterà anche, ma la verità è che non mi piace il pesce».

Assume un'aria offesa.

«Non penserai che ti proponessi di mangiarmi!», grida lui.

E subito dopo scopro che un pesce può ridere oltre che parlare.

«Io sono un amico, non un martire», sbraita. Aveva appena finito di parlare quando si verificò un fenomeno meraviglioso. I suoi occhi, sotto la luce, prendono vita. Tutti i raggi del giorno attorno a noi sembrano concentrarsi lì, dandomi l'illusione che il pesce stia ammiccando nel modo più cattivo che mai abbia visto.

Io capisco.

«Mi mostrerai come procurarmi del cibo?», gli chiedo.

Il mio pesce si calma e annuisce.

«Sì, dovrai solo seguire il tuo impulso».

Questo non solo era incoraggiante, ma poetico. Senza aggiungere verbo mi infilo il mio benefattore nella camicetta e mi dirigo verso il *café* da cui sono stata sbattuta fuori solo pochi giorni prima, il «Black Pierre».

«Se davvero mi romperò l'osso del collo», mormoro tra me e me, «tanto meglio. Mi dimostrerà una volta per tutte che non sono tanto più in gamba di Papà Hemingway e mi solleverà dalla seccatura di suicidarmi».

Il pesce è riuscito a sentirmi.

«Ecco un pensiero cattivo e ingrato», brontola. «Sta di fatto che nessuno, ma proprio nessuno nel mondo dei pesci gode migliore reputazione, quanto a buon senso, di Papà Hemingway. Segui il tuo impulso come ti ho già detto, Kiki. Non verrai uccisa. E mangerai».

Che altro mi restava da fare? Entrai con aria sfrontata in campo nemico, mi fermai nel bel mezzo e mi misi a cantare la *Marseillaise* con quanto fiato avevo in corpo.

Erano le prime ore del pomeriggio. Oltre a Black Pierre c'erano solo tre clienti, che bevevano tranquillamente il caffè. Tutti spalancano tanto d'occhi, specialmente Black Pierre, che stava facendo i conti a un tavolino in un angolo distante.

Gli altri si limitano a guardare, ma Black Pierre si alza non appena io attacco la seconda strofa e fa per avvicinarsi con aria minacciosa, stropicciandosi le mani quasi fose ansioso di stringermele attorno al collo. Quando è a pochi passi comincia a storcere il naso e ripete il gesto con più forza man mano che avanza. Un attimo ancora e mi è addosso.

Il mio coraggio lentamente mi abbandona. Riesco però ancora a mormorare un ultimo «E adesso?» al mio amico sempre nascosto nella camicetta. Sento che il pesce si contorce, comincia a declamare in un sussurrio rauco: «Io sono la resurrezione. Io sono...».

Non aspetto altro. Con una mossa energica, suggeritami dal mio mentore, ficco la mano nella camicetta e mi metto a brandire minacciosamente il pesce; con il fiato che ancora mi resta attacco la terza strofa della *Marseillaise*.

Black Pierre si blocca come paralizzato da un raggio mortale e sulla sua faccia cattiva appare un ghigno.

«Vuoi mangiare qualcosa, Kiki?», mi chiede.

Da allora non solo mangio regolarmente, ma riesco a mettere da parte quel che basta per un altro viaggio negli Stati Uniti, alla ricerca di Antoine, colui che ha scoperto la doppia fossetta sul mio ginocchio sinistro, quindi l'unico vero corteggiatore che io abbia mai avuto in vita mia.

So di non aver accennato a lui nei miei *Mémoires*, ma c'è una ragione. Quando li scrissi ancora speravo che Antoine sarebbe venuto a cercarmi a Parigi (come donna ne avevo il diritto). Quando il mio libro divenne famoso, fui sicura che si sarebbe fatto vivo e le mie speranze si rinnovarono. Perfino un'attesa di un quarto di secolo non è riuscita a spegnerle. E ora, con l'aiuto di questo pesce miracoloso, come potrei non riuscire a realizzare il mio sogno?

31
Alla donna

«Non tentare di sederti e di mangiare lì o in qualsiasi altro ristorante», mi avvisò il pesce quando Black Pierre fece la sua generosa proposta. «Lascia che ti dia la roba, poi ce la porteremo a casa».

Mi piaceva il suo modo di parlare della *mia* casa come della *nostra* casa. Presi da Pierre caviale e manzo, aglio e burro. Gli spezzai quel suo cuore dell'accidente.

Sulla via del ritorno il mio nuovo compagno mi rivelò di avere cinque anni.

«È tanto... per voi?», chiesi.

«Oh, no», disse. «Per certi, forse. Ma non per uno stoccafisso. Certe volte viviamo in eterno».

«No, non dirmelo», gridai io.

«E invece sì», disse il mio pesce con una nota di irritazione nella voce. «Conosco uno stoccafisso che si ricorda di quando l'Oceano Atlantico non era più grande di uno stagno, e so di un altro stoccafisso... che, a quanto si dice, era imparentato alla lontana con uno dei miei antenati... che si ricorda di quando la luna ha avuto il morbillo».

«La luna ha avuto il morbillo?», ripetei io stupita.

«Ti sorprende?», chiese lui. «Lo sai, vero, che quelli della tua razza possono avere il morbillo?».

«Naturalmente».

«Bene, la gente ha il morbillo e tutti gli esseri organici, agli inizi, ebbero il morbillo. Dopo che uscì dal natio Oceano Pacifico, la luna ebbe il morbillo per quattrocento anni».

«Come sei colto!», esclamai.

Stavamo salendo in quel momento i gradini rotti che conducevano al mio rifugio.

«Come ti devo chiamare?», chiesi io, quando quel ben di Dio datomi da Black Pierre fu disposto davanti a noi.

«Scegli un nome che rievochi il tuo desiderio più vivo», fu la risposta.

Riflettei un momento.

«Ti chiamerò Antoine "il piccolo"», dissi io.

Il pesce batté le palpebre.

«Spiegami almeno perché», disse con aria di sfida.

Io sorrisi, e fu un sorriso carico di speranze.

«Perché l'uomo con cui spero di dividere gli ultimi anni della mia vita si chiama Antoine».

Il mio nuovo compagno non sembrava ancora convinto.

«Ma perché "il piccolo"?».

Cercai di confortarlo.

«Non perché tu sia tanto piccolo, naturalmente, ma perché il mio Antoine di là dal mare è grande e grosso».

Ci pensò su per un buon minuto. A me quel minuto sembrò eterno.

«E Antoine "il piccolo" sia!», acconsentì finalmente.

Lo abbracciai, così che gli ci volle un altro minuto per riprendere fiato.

«No, non fare così», disse quando riuscì nuovamente a spiccicare parola. «Mi puoi fare male».

Da quel momento fu e rimase Antoine «il piccolo». E Antoine «il grande» non rientrò nelle nostre discussioni finché non ci trovammo al sicuro sulla nave che doveva portarci in America.

«Che cosa accadrà quando avrai rintracciato il tuo vero Antoine?», Antoine «il piccolo» mi chiese. «Pensi di tirare avanti con due Antoine nella tua vita?».

«Quando avrò rintracciato il mio Antoine, ti lascerò andare così che tu possa completare la vita di altri, come stai completando la mia. Perché allora io non avrò bisogno di te», risposi.

Per evitare contatti con gli altri passeggeri, passavo la maggior parte del giorno sul ponte laterale della nave guardando l'oceano attorno a me.

Prima ancora che il primo giorno di navigazione terminasse capii che l'oceano era un grande occhio che mi ammiccava come il piccolo Antoine.

«Che cosa significa?», gli chiesi.

«Semplicemente che l'oceano conosce il tuo segreto», rispose. «Eri una ragazza quando hai compiuto la traversata la prima volta. Ora sei una donna anziana».

«Ho solo cinquant'anni», puntualizzai io.

Lui ridacchiò nel mio seno.

«Cinquantuno, cara».

Mi seccai un po'.

«Ma sono tanti?», domandai.

Mi sorrise, con quel suo sorriso paziente, un sorriso così forte da trapassare la camicetta. «Per un tipo come te sono molti», rispose.

E le cose andarono avanti così per l'intera settimana di navigazione. Quando arrivammo a New York, perfino la Statua della Libertà sembrava vecchia e stanca.

Peggio.

Sembrava essersi incanutita prima del tempo.

«Salve, vecchia mia», le dissi a mo' di saluto.

La statua si limitò a tenere un atteggiamento freddo.

Come era stabilito, ad attendermi alla nave c'era una delle mie vecchie amiche, la buona, ingegnosa Francine, che doveva darmi una mano ad affrontare i terribili, spaventosi pericoli della dogana.

Il piccolo funzionario tutto indaffarato che aveva in carico la mia sezione avanzò storcendo sempre più il naso; ma io ero già preparata.

«Niente da dichiarare?», chiese, indicando la mia vecchia valigia.

«Tutta la mia ricchezza è riposta qui!», risposi.

«Ricchezza?», bofonchiò lui, «Dall'odore sembrerebbe piuttosto un pesce morto!».

Io e Francine ci scambiammo uno sguardo significativo mentre lui apriva la valigia e rovistava fra i miei soliti, vecchi abiti che avevo buttato dentro alla rinfusa. Finalmente mise le mani sul sacchetto in cui era avvolto l'impagabile tesoro della mia vita.

«Proprio come pensavo!», gridò indignato. Barcollò, neanche si trovasse sopra una fogna, e lasciò cadere in valigia l'involucro e il suo contenuto.

«Non mi avete ancora detto se avete nulla da dichiarare!», chiese.

«Niente!», risposi orgogliosamente, «Cioè, né più né meno di quanto avesse Dio quando si è messo all'opera per creare il mondo».

A questa mia risposta, il piccolo funzionario se ne trotterellò via per dirigere i suoi attacchi su una coppia di americani di mezza età circondati da quello che a me sembrava una montagna di valigie e di borse da viaggio.

Fossi stata più giovane e più carina, ci scommetto, non mi avrebbe mollata così in fretta.

32
Vengo a sapere di essere una scrittrice di successo

Nel taxi che ci portava da Francine, fuori dalla portata della dogana, chiesi alla mia amica che cosa facesse.

Me lo spiegò. Lavorava in una nota casa di alta moda nella Fifth Avenue. Puliva il magazzino e lo teneva in ordine, e impacchettava gli acquisti per le clienti ricche. A volte le lasciavano anche portare la merce a domicilio, e in quel caso ci scappava una mancia.

«Ma allora a quest'ora devi essere ricca», dissi io con invidia.

Lei rise.

«Sono tutt'altro che ricca, Kiki. Ma in America per tirare avanti non serve essere ricchi. Qualsiasi cifra può bastare. Se sei abbastanza sciocco da desiderare cose migliori di quelle a cui sei predestinato, devi lavorare sodo e assumerti responsabilità maggiori. Capita che questi tuoi sforzi abbiano successo, e che tu faccia un bel po' di soldi. Ma alla fin fine tiri avanti come se tu non avessi niente».

Queste poche parole mi stupirono. La Francine che ricordavo era una sarta di prim'ordine, non una filosofa da strapazzo.

«E perché?», chiesi io.

«Gli americani sono gente meravigliosa», rispose, «la loro ricchezza si può paragonare al pane senza lievito».

«Vuoi dire che non hanno nessuna cultura?», domandai.

«Di cultura non me ne intendo abbastanza per poter dare un giudizio. Ma quel che so di certo è che non sanno godersi la vita».

Sembrava molto interessante.

«Potrei trovare lavoro lì dove sei tu?», chiesi.
Mi lanciò una lunga occhiata.
«Sì», rispose, «ma penso che non riusciresti mai ad adattarti a un lavoro così noioso e umile, mia cara Kiki».
La notizia mi sorprese.
«Perché no?», volli sapere.
Fece spallucce.
«Sembri dimenticare», mi disse, «che in un certo senso sei una celebrità».
Francine, a quanto pareva, era rimasta ai vecchi tempi. Provvidi subito ad aprirle gli occhi.
Lei scosse il capo tristemente.
«Ma tu parli di Parigi, povera Kiki», disse lei, «qui per te è cominciato tutto da capo».
Appresi allora che dopo quasi un quarto di secolo di oblio, i miei *Mémoires* erano recentemente apparsi negli Stati Uniti con il titolo *The Education of a French Model*, e che moltissima gente comprava il libro e ne parlava.
La notizia mi elettrizzò.
«Allora non ho bisogno di lavorare!», gridai. «Sono arrivata giusto in tempo per raccogliere la mia ricompensa sulla Terra. Sono io quella che è diventata ricca».
Francine mi guardò in modo canzonatorio.
«Pensavo che non ti importasse di essere ricca!».
Le lanciai uno sguardo indignatissimo.
«E si può sapere che cosa te lo fa supporre?».
«La Kiki che ricordo io, quella dei vecchi tempi di Parigi, trattava i ricchi dall'alto in basso», spiegò Francine.
Non potevo negarlo, ma c'era un motivo che Francine sembrava non conoscere.
«Vero, ho sempre snobbato i ricchi», le concessi, «ma solo quelli che non si offrivano mai di dividere con me i loro soldi».
«Sei una fraschetta», sibilò Francine fra i denti falsi. «A ogni modo non hai niente di che preoccuparti. Non sei ricca, e da come sono messe le cose non hai nemmeno la possibilità di diventarlo».
«Con il successo che sta avendo il mio libro?», gridai io.
«È il tuo editore che fa i soldi», fu la risposta.

Francine mi spiegò che l'editore del mio libro era un certo Samuel Roth, il re dei pirati nel campo dell'editoria, che faceva milioni con i libri di gente di talento a cui non dava mai un centesimo.

Io mi sentii scossa, oltraggiata, seccata.

Imprecai.

«Ma come fa a spuntarla sempre?», volli sapere. «Dopotutto devono pur esserci leggi al riguardo anche in questo Paese primitivo!».

Francine non si lasciò impressionare dalla mia tiritera. Ne sembrò anzi divertita.

«Come tutti i pirati, questo Roth è un uomo molto intelligente», spiegò. «Abbastanza intelligente da tirare fuori i quattrini solo quando ne è costretto. Nel tuo caso ha buttato lì quattro soldi al tuo editore di Parigi, così ora può nuotare tranquillamente nell'oro mentre tu ti trascini in giro con la lingua di fuori».

Mi indignai di nuovo, questa volta con Francine.

«Chi ti dice che io mi trascino in giro?», domandai.

«Be', in giro in macchina non ci vai di certo; non puoi permettertelo», rispose lei, ma senza malizia, come se stesse stabilendo un dato di fatto.

Riuscì a calmarmi.

«Be', se la metti così, forse hai ragione. E se mi ha menato per il naso, mi consola il fatto che prima di me abbia imbrogliato Eddie Titus. Povero Eddie, non avrebbe mai dovuto permettergli di squagliarsela così. Non deve essere stato facile, prima di morire, disfarsi del mio libro per una manciata di soldi».

Francine scoppiò in una risata carica d'ironia.

«Povero Eddie», mi rifece il verso, «morire povero come un Rockefeller o un Henry Ford... Se ha venduto a Roth il tuo libro per pochi soldi, stai certa, è perché quello era il massimo che potesse ricavarne.

Io stavo cercando in fretta una soluzione.

«Questo... questo pirata, si può trovare il modo di conoscerlo?», chiesi.

«Penso di sì», ammise Francine con aria triste, «specialmente se uno se la sente di finire nelle bettole dove lui va a mangiare».

Povera Francine! Come poteva sapere che c'erano stati tempi in cui mi ero ridotta a mangiare quello che trovavo nei bidoni della spazzatura.

33
Papà Hemingway è in città

Francine viveva in una casetta di mattoni verso il lato ovest della Sessantesima Avenue. Il giorno era sul finire quando ci arrivammo col taxi. Poche ore dopo, racimolate un po' di monetine, ce ne andammo a pranzo in una caffetteria nelle vicinanze del Rockefeller Centre.

Si mangiava tanto bene in quel posto che c'era da leccarsi i baffi, perfino in confronto alla cucina di Black Pierre, il cui cuoco (il grosso Berthe) era l'invidia di tutti i concorrenti.

«Gli americani hanno l'unica cultura che mi interessi», dichiarai con voce appassionata.

«Sei sempre stata una pagana», mi accusò Francine, «l'ho scoperto la prima volta che ti ho vista guardare un uomo».

Lasciai cadere di colpo il rapanello che avevo in mano. «E che cosa hai visto?», chiesi in tono sospettoso.

«Ho visto che gli guardavi i piedi».

«E allora?».

Lei rise.

«Erano dei piedoni, Kiki... enormi».

A questo punto scoppiammo tutte e due a ridere.

«A proposito di piedoni», intervenni io, «non hai saputo più niente del mio Antoine?».

Francine scosse il capo.

«O è morto, il tuo Antoine, o è a Hollywood», disse, «in ogni caso non può esserti di molto aiuto. Ma ti devo dare una notizia più elettrizzante. Preparati, è una vera sorpresa».

Appoggiai i gomiti sulla tavola, tenendomi la testa fra le mani.

«Sono pronta», dissi.

Mi guardò con l'aria di chi deve fare una rivelazione importante.

«Papà Hemingway è a New York», annunciò.

Rimasi delusa.

«Tanto meglio per la moglie e per i suoi bambini, dolcezza», dissi, «ma del fatto che Papà Hemingway sia in città, cosa me ne viene in tasca?».

Fu Francine ora a indignarsi.

«Deve sempre venirtene in tasca qualcosa?».

«Se vuoi saperlo», dissi, «ecco cosa ne penso di Papà Hemingway», e, infischiandomene di apparire poco educata nel caffè più chic in cui fossi mai stata, mostrai la lingua.

Francine restò allibita.

«Mi stupisce la tua indifferenza», disse. «A quanto pare non sai che Papà Hemingway ora è molto ricco».

Questa volta sì, fui sorpresa.

«Che cosa è successo? Ha scassinato una banca o ha scovato un pozzo petrolifero?», chiesi io.

Francine mi lanciò un'occhiata carica di rimprovero.

«Ha fatto di meglio. È diventato un grande scrittore!».

«Ah, ma davvero!», fu tutto quello che riuscii a dire.

«Sì, mia povera Kiki. Papà Hemingway è diventato uno scrittore molto ricco».

C'era qualcosa nella faccenda che non riuscivo ad afferrare.

«Renditene conto, Francine», l'ammonii, «uno scrittore non può essere grande e ricco».

Si allungò sul tavolo, arrivando quasi a sfiorare la punta del mio naso con il suo.

«E io ti dico che non soltanto è grande, ma ricco anche!», dichiarò.

Non c'era nient'altro da fare che accettare questa stranezza del mondo culturale.

«Così adesso Papà Hemingway, il suo tozzo di pane e la sua birra se li può pagare!», mormorai io. «Ma dimmi un po', Francine, in tutto questo io cosa c'entro?».

«Cosa c'entri? Ti sei dimenticata che Papà Hemingway aveva un debole per te?».
La guardai con freddezza.
«Francine, Papà Hemingway dava pacche sul sedere a *tutte* le ragazze».
«E scriveva anche la prefazione ai loro libri?», chiese Francine.
«Solo quando un libro aveva bisogno di prefazione», risposi.
«Non contraddirmi», sbraitò Francine, «ricordo benissimo che aveva proprio un debole per te!».
Io avevo un solo metro per valutare l'amicizia della gente.
«Che io ricordi, non mi ha mai pagato neppure un caffè!», dissi!
Francine alzò le mani in un gesto di disperazione.
«Ma come avrebbe potuto farlo a quei tempi, quando probabilmente era al verde quanto te!».
«Puah!», esclamai. «Lo sanno tutti che di americani poveri non ce ne sono». Ma stavo pensando che forse potevo guadagnare qualcosa dal fatto che Papà Hemingway fosse a New York nello stesso periodo in cui c'ero io. «Dove abita, lo sai?», chiesi.
Per la prima volta in tutta la serata Francine sorrise.
«Nell'unico posto in cui un americano ricco come lui si sente al sicuro», rispose, «al "Waldorf-Astoria"».
«È una prigione?», domandai.
«Non direi proprio», rispose in tono paziente. «È un albergo, l'albergo più lussuoso degli Stati Uniti!».
«Davvero, e come fai a dirlo?».
«La gente che vive al "Waldorf-Astoria" si cambia la camicia almeno una volta al giorno», dichiarò Francine.
Io non ero ancora convinta.
«E anche la biancheria?», chiesi.
«Questo non lo so, ma se la faccenda ti interessa, puoi scoprirlo da te», disse Francine. «Allora? Quando vai da lui?».
«Scossi il capo».
«Dubito di andarci, Francine», dissi.
Il viso della mia povera amica assunse un'espressione addolorata. «Ma perché no?».
Cercai di spiegarglielo nel modo più gentile.
«Mi dici che Papà Hemingway vive in un albergo. Ti sei già di-

menticata di quello che mi è successo in un albergo americano la prima volta che venni qui?», chiesi.

Povera Francine, aveva buone ragioni per ricordarsene: aveva diviso con me la puzzolente cella della questura.

«Ma è diverso», cercò di dire, «Papà Hemingway è un uomo molto rispettato e vive in quell'albergo. Ti proteggerà».

Scossi nuovamente il capo.

«No, mia cara Francine, ho un'idea migliore in testa sul modo di passare questa bella serata».

«Davvero?», esclamò. «E suppongo che la prima cosa che farai sarà quella di liberarti di me.

«Hai ragione, ti sistemerò in uno di quei magnifici cinema dei dintorni».

«E poi?», chiese in tono sospettoso.

Sostenni con fermezza il suo sguardo.

«Poi girerò per New York!», esclamai,

Era sempre sospettosa.

«Che parte di New York?», chiese.

Cercai in fretta di trovare una risposta.

«C'è questa parte che mi attira molto», risposi.

«Ma che cosa ti attira esattamente?», tuonò.

Feci un gesto vago con la mano. «Tutto, mia cara, pura, sospettosa Francine. Ma specialmente queste deliziose *cocottes* che abbiamo incontrato a ogni angolo, a ogni porta dal Rockefeller Centre fino a qui. Sono decisa a scoprire da dove vengano, dove vadano e come riescano a tirare avanti con il loro sporco lavoro mantenendo un'aria così innocente, restando così belle».

«Ti attirerai un sacco di guai, Kiki», mi avvisò Francine. «La polizia di New York non gradisce che le ragazzine vengano seguite, neppure da una donna». Ma io feci di testa mia.

34
Papà Hemingway mi riceve... e sgancia!

Dopo che la mia amica fu sparita nel bellissimo cinema, io feci quello che avevo avuto in mente di fare per tutto quel tempo: chiamai il «Waldorf-Astoria» e chiesi di parlare con Papà Hemingway.

Mi rispose una voce fredda di puttana.

«Ah, volete Mr. Hemingway?», disse, e dandomi la linea cercò di farlo nel modo più meccanico possibile, per mostrarmi tutto il suo disprezzo.

Poi sentii una seconda voce ancora più da puttana. Questa voce mi chiese: «Con chi desiderate parlare, prego?».

«Con Papà Hemingway», risposi, «ma prego un corno!».

La voce disse ancora qualcosa, ma questa volta non a me.

«Papà, c'è qualcuno al telefono che sembra Marlene Dietrich, solo con l'accento francese».

La voce ora era indubbiamente quella di Papà Hemingway.

«Chi è, te l'ha detto?», tuonò.

«Dice di chiamarsi Kiki».

Sentii Papà Hemingway toglierle di mano il telefono.

«Sei Kiki, e poi?», domandò.

«Sono Kiki, punto e basta». Risposi. «Quante Kiki "punto e basta" conosci?».

Papà Hemingway ridacchiò. All'occasione anche Papà Hemingway sa ridacchiare come una scolaretta qualsiasi.

«Una sola», rispose, «dove sei?».

Glielo dissi.

«Non è molto lontano, ma ci vuole troppo a venirci a piedi. Ce li hai i soldi per un taxi?».

«Averceli ce li ho, ma non posso permettermelo».

«Prendine uno, ti rimborserò», disse.

Mi avvicinai al primo taxi libero.

Il conducente aveva la candela al naso; mi ricordò Parigi.

«Quanto costa la corsa fino al "Waldorf-Astoria"?», domandai.

«Un bigliettone per chiunque», rispose, «ma per una bella donna come voi sessanta *cents*».

Arrivai al «Waldorf-Astoria» senza complicazioni, ma la musica cambiò quando si trattò di raggiungere l'appartamento di Papà Hemingway. Prima fu il portiere ad annusarmi, poi i due camerieri. Quando uno dei due sembrò lì lì per svenire, cominciai a temere di non riuscire ad arrivare neppure all'ascensore. Ce la feci. Nell'ascensore affollatissimo fui salvata dalla presenza di una signora con un enorme seno in cui aveva sistemato grosse rose gialle. Per tutto il tempo che impiegammo a raggiungere il mio piano, nessuno riuscì a decidere quale delle due appestasse tutta l'aria con quell'odore pungente, perché io continuai ad annusare le rose gialle con molta energia, e altrettanto energicamente lei continuò ad annusare il mio piccolo Antoine.

Papà Hemingway mi aspettava sulla porta. Fece per abbracciarmi, ma poi indietreggiò.

«Cos'è questo odore tremendo?», abbaiò.

«Questo intendi?», chiesi indicando la mia camicetta. «È il mio pesce: Antoine "il piccolo"».

«Non sarà quello di cui ho sentito parlare?».

«Sì, proprio quello!».

«Ma come fai a conservarlo?».

«Questo è un segreto», risposi.

«Janice!», schiamazzò.

Apparve una donna di colore. «Janice», continuò, «riempi la vasca da bagno, mettici dei tubi di ghiaccio fino all'orlo e poi prendi il pesce di questa donna e ficcalo sotto il ghiaccio, su, svelta».

Non mi piacque l'atteggiamento di Papà Hemingway, ma dopotutto ero venuta con uno scopo preciso in mente. Decisi di mostrarmi paziente. Antoine «il piccolo» non avrebbe approvato qualsiasi altra mia decisione.

Fui presentata alla donna con la voce ancora più da puttana. Saltò fuori che non era che un'ammiratrice di Papà.

La donna disse: «Piacere!» e sparì letteralmente dalla circolazione.

«Come hai fatto a scoprirmi?», chiese lui dopo che Antoine «il piccolo» mi fu tolto e io mi trovai sprofondata in una di quelle enormi poltrone.

Gli raccontai di Francine.

«La ricordo, quella ficcanaso», disse, «come mai non ha insistito per venire con te?». Gli raccontai l'astuzia a cui ero ricorsa per fare fessa Francine.

Papà Hemingway si divertì molto, specialmente quando gli assicurai che, anche se al momento me ne ero servita solo come di un pretesto per liberarmi di Francine, intendevo seguire quei piccoli esseri voluttuosi non appena mi si fosse presentata l'occasione.

Dopodiché io e Papà Hemingway chiacchierammo molto affettuosamente. Fu felice nell'apprendere che Jean Cocteau non andava più in giro con la cravatta rossa, visto che non portava cravatta affatto, e sembrò seccarsi quando gli dissi che Papà Titus non mi aveva ricordato nel suo testamento.

«Forse è come se l'avesse fatto», sospirò Papà Hemingway, «con tutta probabilità non aveva il becco d'un quattrino».

«Che cosa te lo fa pensare?», gli chiesi.

Papà Hemingway scosse le grosse spalle.

«Era uno scrittore», disse semplicemente.

Io l'aspettavo al varco.

«Anche tu sei uno scrittore, Papà Hemingway», dissi, «eppure a quanto dicono sei molto ricco».

Fece un vago gesto con la mano. È un gesto che si impara man mano che si fanno i soldi. Ma io volevo una risposta più diretta alla mia domanda.

«È vero allora come dicono i miei amici che sei un milionario?».

Schioccò la lingua.

«Ci sono milionari e milionari», rispose.

Ci si stava avvicinando al dunque.

«Che cosa vuoi dire, Papà Hemingway?», chiesi.

Aggrottò la fronte.
«Voglio dire che ci sono milionari grossi e milionari piccoli, mia cara Kiki», disse.
Lo fissai.
«E tu saresti uno dei grossi?», domandai.
Arrossì e sospirò allo stesso tempo.
«Penso di sì», disse.
Mi piegai in avanti, decisa a farla finita subito con lui.
«Ci sono anch'io fra i tuoi eredi, Papà Hemingway?», chiesi.
Mi lanciò una strana occhiata, sputò nel portacenere e disse:
«No».
Restai sorpresa.
«Perché no?», volli sapere.
Di nuovo quella strana occhiata.
«Non è ancora troppo tardi per metterci anche te, Kiki», rispose, «ma che ne diresti, se tu me ne fornissi almeno una buona ragione?».
Cercai di perorare la mia causa con la maggior delicatezza possibile.
«Be', c'è gente a Parigi che dice che se io non ti avessi lasciato scrivere quella prefazione ai miei *Mémoires* probabilmente a quest'ora tu staresti ancora pulendo sputacchiere in qualche bettola di Montparnasse».
Mi aspettavo che lui restasse umiliato, invece si limitò a ridere.
«E sai, Kiki, si mormora che non fosse stato per quella prefazione che tu m'hai *pregato di scriverti*, a quest'ora scalderesti ancora il letto a pittori francesi di serie B a cinque franchi per notte...».
«Allora, suppongo, sono io quella che deve ricordarsi di te nel proprio testamento», dissi con voce amara.
Lui scosse le spalle.
«Non sentirtene obbligata», disse, con quella falsa generosità che hanno a volte gli americani.
«Perché sai che non ho soldi», partii io di nuovo alla carica.
«Non hai soldi!», gridò. «E io che pensavo di trovarmi faccia a faccia con un'altra milionaria!».
«Che cosa te lo faceva supporre?», chiesi.
«Ma ti rendi conto che se il mio ultimo libro è nella lista dei best seller, i tuoi *Mémoires* hanno una tiratura doppia?».
Tornai a indignarmi.

«No!», gridai.
Lui ricorse al vecchio gioco di tirarmi il naso.
«Così, lo vedi, sei proprio tu quella che dovrà inserirmi nel suo testamento».
Questo era veramente troppo.
«Ma io non ho un *sou*, te lo giuro», protestai. «Sono potuta venire qui grazie alla colletta raccolta per me e per il mio piccolo Antoine».
«Ma allora sei povera», gridò. «Praticamente sei un'accattona... e l'accattonaggio è un reato».
Mi sentii offesa, e quando ripresi a parlare la mia voce era più fredda del ghiaccio.
«Così sarei una criminale?», chiesi.
«Sì, una criminale», mi assicurò. «Non sai che solo i milionari hanno il permesso di entrare al "Waldorf-Astoria"?».
Capii di aver commesso un errore. Avevo dato ascolto troppo in fretta a quella Francine dell'accidente.
«Intendi consegnarmi alle autorità?», chiesi.
Sembrò considerare la faccenda attentamente.
«No, ripensandoci no, Kiki. Ma, dimmi, come mai non hai diritto ad alcuna percentuale?».
«Mi vennero le lacrime agli occhi».
«Perché Papà Titus ha venduto il libro senza possibilità di rivalsa a quel pirata di Roth».
Lui rise.
«Roth! Nessuno riesce a tirare fuori un centesimo da Roth. Sei ancora fortunata che non ti abbia chiesto dei soldi per averti resa celebre».
«Suppongo che l'avrebbe anche fatto, se di soldi ne avessi avuti. Lo conosci, Papà Hemingway?».
«L'ho conosciuto molti anni fa in un certo "Café Royal". Gli offrii quattro delle mie migliori novelle per centomila dollari l'una. Lui fu d'accordo nel dire che le novelle erano meravigliose, ma non era disposto a darmi più di centomila dollari per tutte e quattro».
Me ne rallegrai.
«Ma allora capita qualche volta che offra soldi a qualcuno».
Lui mi fece segno di stare calma.
«Non lasciarti trarre in inganno, Kiki. Roth è disposto a tirare fuo-

ri soldi solo quando si tratta di un affare sicuro. Se gli chiedi di cambiarti venti dollari, lui te ne ridà diciannove».

«Chi lo direbbe che in giro ci sono tipi così pidocchiosi?», sospirai io.

«Ecco perché è una fortuna per te non averlo mai incontrato, Kiki. Non era disposto a darmi più di venticinquemila dollari per novella perché ne aveva dati cinquantamila a Joyce e sosteneva che Joyce valeva almeno due volte tanto».

«Ti capisco», dissi, «sono anch'io del parere che Joyce sia stato trattato molto meglio da altri editori».

«Ecco, è qui che sbagli», disse Papà Hemingway, «Roth è l'unico che abbia mai dato un po' di soldi a Joyce. Ma ogni volta che gli mandava una cinquantina di dollari, Joyce metteva su arie di grandezza e si ritrovava nella penosa situazione di chi prende soldi con la mano sinistra e li spende con la mano destra in mance da gran signore a camerieri ossequiosi. Può darsi persino che questa sia la causa della sua cecità, che ritengono di origine psicologica».

«È meglio non dovere neanche una lira a questo Roth, cara Kiki. So di uno speaker radiofonico che Roth risollevò dalla miseria nera in cui era finito con la giovane moglie. Questo successe a Baltimora. Roth allungò loro un centinaio di dollari, e diede all'uomo un lavoro redditizio nel suo ufficio, dove, a sua insaputa, questo tipo censurò i manoscritti di Joyce. Che cosa gliene venne di buono? La moglie di questo tale andò a letto con quasi tutti gli uomini di New York, Roth escluso, mentre il marito fregò a Roth la lista dei sostenitori cercando di utilizzarla per fondare un teatro in cui presentare commedie oscene. Costretto ad andarsene dagli Stati Uniti e a rifugiarsi a Parigi, denunciò Roth sia come pirata che come censore dei lavori di Joyce. Tra le altre cose preparò una lettera di protesta nei confronti di Roth, sottoscritta da circa duecento scrittori famosi».

«Figurava anche il tuo nome, Papà Hemingway?», chiesi io.

«Certamente. Ma non ne fui tanto felice. Saltò fuori che io ero l'unico scrittore di una certa importanza ad aver visto la protesta prima che venisse pubblicata. I nomi di questi scrittori erano stati presi da un albo degli autori talmente superato che molti erano morti già da un bel po' di tempo».

«Ma deve essere stato un bel colpo per Roth in ogni caso», dissi.

«Certo che lo fu», proseguì Papà Hemingway. «Ha fatto ancora più soldi. Più lo si attacca, più Roth si arricchisce».

Mi venne una nuova idea.

«Forse per me è meglio essere ricordata nel suo, di testamento, Papà Hemingway», suggerii.

Lui sorrise.

«Non approderesti a niente, Kiki», mi assicurò, «ammesso anche che tu riesca a convincerlo, a quanto ammonterebbe la tua quota con tutti i parenti che ha?... Ma visto che sei così decisa a essere inclusa nel testamento di qualcuno, ti dico una cosa. Ti inserirò tra i miei eredi».

Finalmente riuscivo ad arrivare al dunque.

«Per quanto?», chiesi.

«Questo dipenderà da quanto riuscirò ad avere in banca», rispose Papà Hemingway.

Lo squadrai ben bene. Mi sembrava sprizzasse salute da tutti i pori.

«Non credo che me ne venga in tasca qualcosa, Papà Hemingway, dal fatto di essere inclusa fra i tuoi eredi», gli dissi. «Se tu mai dovessi finire in modo decente, non mi aspetto di certo di essere ancora al mondo, io».

Quello che dissi non sembrò turbarlo minimamente.

«Peccato», mormorò.

Io mi arrabbiai.

«Papà Hemingway, sei un maiale», gli urlai.

«Troia è il termine esatto», mi corresse lui.

«D'accordo, troia! Ma non è carino».

«Che cosa non è carino?», chiese.

«Di accettare di buon grado il fatto che io non possa vivere abbastanza a lungo da raccogliere la tua eredità», risposi.

Apparve sorpreso.

«Io ho usato la parola eredità?», chiese.

Lo fissai ancora una volta negli occhi.

«E come diavolo chiameresti il denaro che uno riceve per essere stato ricordato da un amico nel suo testamento?».

Sembrò rattristarsi.

«Direi che per poter parlare di eredità, ci si dovrebbe riferire a una cifra superiore ai venticinque dollari».

«Oh, caro Papà Hemingway», gridai. «Vuoi dire che intendi lasciarmi davvero venticinque dollari?».
Tentò senza risultato di liberarsi dal mio abbraccio.
Ansimò.
«Che cosa ti aspettavi?», chiese.
Mi sciolsi dall'abbraccio.
«Un po' di spiccioli in anticipo», dissi.
Conoscendo la sua tirchieria, già mi aspettavo una reazione, ma non fu così, anzi, sul suo faccione scorsi un'aria di benignità.
«Quanto?», chiese.
Cercai di riflettere.
«Quanto puoi permetterti?».
Soppesò la faccenda come se stesse cercando di ricordare la cifra che figurava sull'ultimo rendiconto della banca.
«Che cosa ne dici di dieci dollari, Kiki?».
Non potei fare a meno di mostrare la mia contentezza.
«Dieci dollari!», urlai.
«Ma devi portare via quel pesce appena te li ho dati», disse. «Persino il ghiaccio non basta».
Già lo sapevo che ci sarebbero state delle condizioni.
«D'accordo, Papà Hemingway», dissi. «Così Antoine non ti garba. Ma capisci bene che se se ne va lui, anch'io me ne devo andare».
Prese un'aria triste.
«Lo so», disse; e il suo faccione si illuminò ancora più di prima, tanto da assomigliare al mio Antoine nei momenti migliori.
«Facciamo una cosa», propose, «ti do subito l'intera somma di venticinque dollari, se te ne vai immediatamente con quel pesce».
«D'accordo», risposi, «ma stai cercando di imbrogliarmi».
Mi guardò con occhi imploranti.
«Il taxi, Papà Hemingway», gli ricordai. «Hai dimenticato che avevi promesso di rimborsarmi il taxi?».
«Ma sul serio un taxi ha impiegato tre quarti d'ora per venire dalla Quarantanovesima alla Cinquantesima Strada?», domandò.
«Certo», dissi, «e se c'è qualcuno da rimproverare, questo è il taxi. Si è trascinato lamentosamente per tutta la strada».
A questo punto Papà Hemingway sembrò veramente molto afflitto.
«Quanto, ancora?», chiese.

«Un dollaro e un quarto con la mancia», risposi.
«Non hai mai dato la mancia a nessuno in vita tua, Kiki», protestò.
«Tu dimentichi che il denaro che stavo spendendo era il tuo, Papà».
A questo punto Papà Hemingway abbozzò un inchino e tirò fuori un altro dollaro e un quarto.

35
Quel pirata di Roth

Con tutti quei soldi a mia disposizione, decisi di andare a caccia dell'arcipirata Roth. Dovetti investire undici monetine in una cabina telefonica prima di riuscire a parlare con lui. Il più grande shock della mia vita lo ebbi quando gli dissi chi ero; mi ero aspettata che tentasse di liberarsi di me, invece sembrò felicissimo. Arrivò perfino a invitarmi a pranzo.

«Posso desumerne che sono vostra ospite?», gli chiesi.

«Se ne desumete che è per *una volta sola*, sì», rispose.

Il suo ufficio era molto grande, con parecchie finestre e varie aperture da cui si scorgeva il cielo estivo da ogni possibile angolo visuale. Pullulava di uomini occupati a fare pacchi e di belle donne inoperose che, sedute alle macchine da scrivere, si davano lo smalto alle unghie, si rimiravano in specchietti, si comportavano insomma come se stessero aspettando qualcuno, che non arrivava mai, che le distogliesse da un'occupazione per cui non avevano la minima inclinazione.

«Quest'uomo manda avanti un harem», dissi fra me e me. «E ci scommetto anche che sono loro a pagarlo!».

La più alta, la più bella di queste donne mi si fece incontro.

«Siete Kiki?», chiese.

Annuii. Per un momento temetti mi sollevasse di peso e mi sbattesse fuori da una di quelle finestre. Poi la guardai negli occhi e capii: aveva uno sguardo molto dolce e sembrava compatirmi.

«State attenta, mormorò». Oggi è d'umore particolarmente nero.

Detto questo mi guidò verso l'affollato, trascurato cubicolo in cui viveva Roth. Si alzò per stringermi la mano, ma si sedette di nuovo in fretta come se lo sforzo lo avesse stancato, e mi indicò con la testa una poltrona di fronte a lui. Riuscivo quasi a sentire il mio Antoine ridacchiare.

«E così, voi sareste Kiki», disse.

«Quella Kiki, grazie alla quale vi rotolano tanti soldi nelle tasche», precisai.

«Si tratta di soldi che non rotolano».

«Non nella mia direzione, in ogni caso», osservai.

Lui scosse le spalle.

«Ai miei tempi ho fatto soldi con autori senz'altro migliori di voi», replicò.

«È una magra consolazione».

Mi stavo domandando cosa mai mi avrebbe detto subito dopo, quando improvvisamente cominciò a storcere il naso da una parte e poi dall'altra.

«Che cosa c'è in quella scatola?», chiese in tono sospettoso.

Glielo dissi.

«Che ne direste di lasciarla qui e di andarcene a mangiare immediatamente?», suggerì.

«Il mio Antoine non lo lascio proprio da nessuna parte», dissi, «dove vado io, lui viene».

Mi aspettavo che opponesse resistenza, ma non fu così.

«D'accordo, lo porteremo con noi. In ogni caso non ho molto appetito», disse.

Scendemmo con l'ascensore e attraversammo la strada.

Fui sorpresa nel constatare che mangiava in un ristorante dove non solo mettevano la tovaglia, ma anche i tovaglioli, le forchette e i cucchiai.

«Devo portarvi i saluti di qualcuno», cominciai.

Sembrò compiaciuto.

«Di chi?», chiese.

Lo guardai freddamente.

«Papà Hemingway».

Mi lanciò uno sguardo indecifrabile. Forse ricordava quelle quattro novelle che si era rifiutato di acquistare.

«Ah, Hemingway! Non sapevo fosse in città».
Pensai fosse meglio insistere.
«È al "Waldorf-Astoria"», dissi.
Lui annuì.
«Sì, utilizza il "Waldorf-Astoria" come una fortezza per difendersi dai vecchi amici».
«Non sono dello stesso parere», dissi. «Sta di fatto che quando ha saputo che io ero a New York mi ci ha invitato».
Sembrò sorpreso.
«E voi ci siete andata?», domandò.
«Perché no?», controbilanciai io.
«Vi hanno lasciato entrare al "Waldorf-Astoria" con quella... quella scatola?», chiese.
«Certo, e avreste dovuto vedere le premure che hanno avuto!», risposi, sicura che con un tipo come Roth avevo diritto di esagerare almeno un po'.
Ordinò lui per tutti e due e chiese:
«Come sta Hemingway?».
Ma io ero sempre sul sentiero di guerra.
«Papà Hemingway sta bene e spera non altrettanto di voi».
«Povero Hemingway, ce l'ha ancora con me per via di quella vecchia storia. Ma se vi capita di rivederlo potete dirgli che io sono tuttora dell'idea che una sua novella non vale quanto una di Joyce».
«Non vi è simpatico, Papà Hemingway», dissi in tono accusatorio.
«Papà Hemingway scrive come se tutto quanto a questo mondo lo meravigliasse», rispose Roth. «Non è possibile che uno passi la vita a stupirsi a tal punto».
«Ma Papà Hemingway è un vero artista», dichiarai io con entusiasmo esagerato.
Lui scosse le spalle.
«Si dà troppo da fare per esserlo», rispose seccamente, «ma parliamo di cose più interessanti, di quello che siete venuta a fare in America, per esempio».
«Sono venuta in America per ritrovare l'uomo che amo e, incidentalmente, per spillarvi un po' di soldi».
«Lo sapete che ho già pagato tutto quello che devo per il vostro libro?» mi chiese.

Annuii.

«E ne sono sorpresa, data la vostra reputazione di non pagare mai un centesimo a nessuno».

Lui imburrò un pezzo di pane e me lo allungò.

«Parlate troppo e mangiate troppo poco», stabilì, «in realtà io sono disposto a tirar fuori i soldi quando qualcosa mi piace».

«Quando ne siete costretto», puntualizzai.

Lui annuì.

«In un certo senso questo è vero per tutti», disse. «Ci sono cose, se volete saperlo, per cui mi piace spendere i miei soldi».

«Per esempio?».

«Be', per avervi mia ospite».

Lo guardai perplessa.

«Non dipende dal fatto che vi sto facendo guadagnare un bel po' con il mio libro?», chiesi.

Lui annuì.

«In parte sì, ma la ragione principale è che voi mi siete simpatica», aggiunse.

Atteggiai le labbra a un bacio.

«Vi sono simpatica? Ditemi, allora, se fossi giovane e bella, sareste disposto a pagare per venire a letto con me?».

«Se ne fossi costretto».

«Se foste costretto a fare che cosa?», chiesi.

Lui rise e disse:

«Scusate, ma preferirei non chiarirlo».

«A ogni modo tutti sostengono che siete un pirata», continuai io.

«Anche Papà Hemingway la pensa così?».

«Oh, sì!».

«A Papà Hemingway non sono simpatico?».

«Oh no!».

La notizia sembrò rallegrarlo.

«Molto bene», disse, «perché che io gli sia simpatico o meno, intendo dargli un pugno su quel suo sciocco grugno la prima volta che mi capita di incontrarlo».

Ero terrorizzata. Oltre a essere un pirata, questo Roth era un marcantonio e tutto lasciava pensare che di Papà Hemingway ne avrebbe potuti sistemare due a puntino.

«No, vi prego!», lo supplicai.

Mi sorrise al di sopra del suo fritto misto che aveva annaffiato senza parsimonia di salsa.

«Perché no?», mi chiese.

Cercai di spiegarglielo.

«È un uomo molto generoso».

Agitò la forchetta sporca nella mia direzione; quell'uomo non sapeva assolutamente stare a tavola!

«Questa sua generosità l'ha dimostrata nei *vostri* confronti?».

«Certo», gridai. «Mi ha dato venticinque dollari ieri sera, per non parlare della corsa in taxi fino al "Waldorf-Astoria" che mi è stata rimborsata».

Il pirata sembrò sorpreso.

«Venticinque dollari!», esclamò.

Annuii con energia,

«Naturalmente ho dovuto promettergli di togliergli di torno il mio Antoine, ma questa è l'unica condizione che ha posto», spiegai.

Scosse il capo e di nuovo agitò in aria la forchetta sporca.

«Ma solo questo valeva i venticinque dollari», protestò.

All'improvviso ricordai. Il pirata aveva perfettamente ragione.

«Non me ne ero resa conto!», ammisi.

Si allungò in avanti sul tavolo, fissandomi.

«Ho una proposta ancora migliore per voi».

Lo guardai sospettosa.

«Vi ascolto», dissi.

A questo punto lui sorrise, come se fosse possibile a un uomo come lui avere qualità umane.

«Capite ora che dandovi quei venticinque dollari Papà Hemingway non solo non dimostrava alcuna generosità nei vostri confronti, ma in realtà voleva solo fare colpo su di voi!», cominciò.

Fui d'accordo.

«Avete ragione».

Il sorriso sulla faccia di Roth si tramutò ora in uno sguardo di feroce trionfo.

«Quindi, se vi do cinquanta dollari, mi concedete di rompergli il grugno?», chiese.

«Sì, potete anche pestarlo a sangue», gridai.

Roth mi diede i cinquanta dollari.

Dubito però che il fatto possa mai verificarsi. Non credo che ci sia alcun sangue da versare in Papà Hemingway.

36
Papà Hemingway contrattacca

Quando lasciai Roth ero molto soddisfatta d'averlo conquistato. I cinquanta dollari che mi aveva dato erano al sicuro nel portafoglio e gridavano d'essere spesi. Pensai di provvedere in merito sulla via del ritorno, ma decisi poi di soprassedere. Ero venuta in America con uno scopo... Per ora non ero approdata a niente, e non avevo neppure idea di quando sarei riuscita a rintracciare Antoine. Inoltre, se l'avessi trovato, poteva avere bisogno lui di quel denaro.

Presi un autobus per la città alta, sedetti nella parte superiore godendomi lo spettacolo della grande città che si estendeva davanti a me.

La cosa che più mi impressionava di New York era il gran numero di persone che a ogni angolo offriva la sua mercanzia. Sembrava che la popolazione fosse divisa equamente fra quelli che vendevano e quelli che compravano.

Finalmente arrivai all'appartamento di Francine senza aver speso un centesimo oltre ai soldi dell'autobus.

Era pomeriggio, e Francine non era ancora tornata. Mi tolsi in fretta i miei quattro stracci, riempii la vasca d'acqua bollente e vi rimasi immersa una mezz'oretta, rilassandomi. Quando ne uscii, mi asciugai, andai in camera da letto, aprii l'armadio di Francine; rimasi stupita dal numero di abiti che la mia amica era riuscita ad accumulare. A quanto pareva, un lavoro in una casa di moda presentava parecchi vantaggi. Non resistetti alla tentazione di provarne uno, e subito lo specchio mi rimandò una nuova Kiki. Niente male!

Poi mi sedetti sul letto: «E adesso?», mi chiesi.

«Su, su Kiki», mi risposi da sola. «Quando mai sei stata a corto di idee?».

Istantaneamente, come sotto il colpo di una bacchetta magica, ricordai il vecchio desiderio... quello che avevo progettato di fare con Francine e che aveva tanto divertito Papà Hemingway. Questo era giusto il momento di occuparmi di quelle sottili, affascinanti, piccole *midinettes*.

Presi il portafoglio e già stavo per uscire quando sentii una vocina triste.

«Kiki, non mi vuoi più bene?».

Era il mio Antoine.

«Non sapevo ti attirasse questo genere di avventure», mi scusai.

«Io sono attirato da qualsiasi genere di avventura», dichiarò lui. «Non essere mai più così ingrata».

Sentii qualcosa che poteva assomigliare a un singhiozzo.

Cercai di rincuorarlo.

«Asciugati il naso, su, non piangere», dissi, «ti porterò con me».

Ma era inconsolabile.

«Non è solo questo, Kiki. Te ne rendi conto, non mi hai neppure fatto fare il bagno con te».

«Ti sarebbe piaciuto, con tutto quel sapone?», chiesi.

«No», lui fu d'accordo, «ma non è stato per via del sapone... Tu... tu ti sei dimenticata di me!». E questa volta scoppiò in un pianto a dirotto.

Armeggiai fra le cose di Francine finché trovai una scatola abbastanza bella per lui. Era di un azzurro pallido ricoperta di satin. Tolsi tutti i fazzoletti che conteneva e gliela feci vedere.

«Che ne dici di questa?», chiesi. «È del colore dei tuoi occhi».

Sembrò compiaciuto.

«Va bene», disse.

«Sei tranquillo ora?», domandai.

La tristezza tornò nella sua voce.

«Sì, ma d'ora in poi ti devi comportare bene».

«D'accordo, *sir*», dissi io con un tono esageratamente gentile, «la vostra limousine vi aspetta».

Lo sistemai nella scatola, ma quando già stavo per mettere il coperchio mi fermai.

«Dopotutto», gli dissi, «questa è un'occasione speciale».
Così gli misi accanto un fiore artificiale di Francine e gli spruzzai addosso un po' di profumo.
«Oh, come è buono!», tubò lui, deliziato.
«Adesso siamo pronti. Su, vieni mio piccolo Antoine, fammi da scorta in questa avventura».
«Col più grande piacere, *mademoiselle* Kiki».
Così chiusi la scatola, la presi su e uscimmo.
Pranzammo in un grazioso ristorante dei dintorni, poi ce ne andammo in un cinema dove proiettavano due film. Quando uscimmo era mezzanotte passata. L'ora migliore, giudicai io, per cominciare la mia caccia. Ne vidi subito una, poi un'altra. Rimasi a osservarle, cercando di decidere quale fosse particolarmente interessante da seguire. Notai che due di loro stavano chiacchierando e continuavano a guardare dalla mia parte.
«La faccenda mi sembra molto sospetta», mormorò il piccolo Antoine.
Ma io non gli diedi retta.
Ce n'erano molte adesso, ma una era così bella che attrasse subito la mia attenzione. Così fu quella che decisi di seguire. Mi sorprese il fatto che fosse sola, ma ero certa che si stava recando a un appuntamento.
Perché non si accorgesse di me le lasciai un notevole vantaggio, ma non tanto da correre il rischio di perderne le tracce.
Prima entrò in un ristorante dei dintorni, sedette a un tavolo e ordinò una tazza di caffè. Feci altrettanto. Era un ristorante pieno di movimento, con un sacco di gente di teatro che rideva e chiacchierava. In una sala interna c'era una grande tavolata; cantavano allegramente, e sul tavolo avevano un'enorme torta con le candeline accese. Osservai tutto, continuando a sorvegliare con la coda dell'occhio la mia piccola *cocotte*. Accidenti se era bella, con quei lunghi capelli biondo cenere e quegli occhioni azzurri. Visto che aveva un'aria così da nordica e assomigliava tanto a una dea, decisi di chiamarla Frika; Soutine una volta mi aveva detto che questo era il nome di un'antica deità nordica. Ma avevo appena fatto in tempo a formulare quel nome che alcune persone si avvicinarono al suo tavolo e cominciarono a parlargli.

«Salve, Margie!», la salutarono.

Che colpo! Un nome così prosaico per una creatura tanto deliziosa. Ma ora che conoscevo il suo nome, non potevo continuare a chiamarla Frika fra me e me.

Pensavo se ne stesse lì seduta in attesa di un uomo, e vagamente mi dissi che sarebbe stato più difficile seguirla dopo. Ma decisi di rischiare, e stavo riflettendo sul modo migliore per cavarmela, quando si alzò, pagò il conto e se ne andò. Molto sorpresa, lasciai dieci *cents* sul tavolo e la seguii.

Come uscii dal ristorante, la vidi scendere per le scale della stazione della metropolitana, e mi affrettai dietro a lei. Per fortuna avevo moneta e non dovetti fare la fila per cambiare una banconota; avrei rischiato di perderla, c'era già un treno in partenza.

Salii sulla stessa vettura, ma mi sistemai all'estremità opposta.

«Hai ancora dei sospetti?», chiesi al mio Antoine.

«Se quella ragazza è una passeggiatrice, una trota può deporre le uova con un salmone», mi rispose lui. «La faccenda mi puzza più che mai».

Margie scese al capolinea, e qui salì su un altro treno che tornava indietro. Io la seguii sempre più stupita. Ma chi era mai l'uomo che doveva vedere se non sapeva nemmeno lei dove incontrarlo?

Salirono molte altre ragazze come lei. Anche loro non mancarono di stupirmi. Sembrava che non conoscessero il proprio mestiere. Era questa l'ora adatta per dare la caccia agli uomini? E che tipo d'uomo si può trovare su una vettura della metropolitana?

«I casi sono due», mi sussurrò Antoine, «o sopravvaluti le ragazze o sottovaluti la metropolitana».

«Zitto!», gli intimai io, «Ti sentono!».

«E allora?».

«Potremmo perderle!».

Antoine ridacchiò.

«Scommetto che non riusciresti a perderle di vista neanche se ti ci mettessi».

«Adesso te lo faccio vedere io».

Alla fermata successiva, che per caso era proprio quella vicino alla casa di Francine, scesi.

Margie mi seguì.

Parecchie ragazze vestite come lei scesero dalle altre vetture e parvero seguirla.

Antoine ridacchiò con aria trionfante.

«Capisci ora cosa intendevo?».

Sì, lo capivo. Cominciavo a essere un po' preoccupata.

«E adesso, Antoine?», chiesi.

«Una corsettina non può far male».

Me la diedi a gambe, e ben presto rimasi senza fiato. Ma a metà scala mi fermai. Volevo accertarmi di una cosa. Se quelle ragazze erano assieme, dovevo saperlo. Mi voltai a guardare. Procedevano in fretta nella mia direzione, ma in gruppi separati.

Mi rivolsi una volta ancora al mio mentore.

«E adesso?», chiesi.

«Fossi in te, cercherei di tornare a casa nel minor tempo possibile», rispose. «A quest'ora Francine dovrebbe aver già messo in subbuglio la polizia».

Non mi sembrava molto ragionevole, comunque cominciai a correre. Di corsa salii le scale, di corsa coprii il tratto di strada che mi separava dalla casetta in cui abitava Francine.

Fin dall'inizio compresi di essere seguita. Ma gradatamente il *clic clicheti clic* dei tacchi alti nel silenzio della notte divenne sempre più sincronizzato, finché alle mie orecchie risuonò come quello di una folla minacciosa.

Quando arrivai sulla porta di casa, mi lasciai cadere esausta sui gradini. Non avevo più fiato per riprendere a correre. Mi limitai a starmene seduta lì e capii che mi avevano raggiunta non tanto perché le vidi, quanto perché percepii la loro presenza.

Credetti di sentirne un paio ridacchiare, alzai lo sguardo. Altro che due! Erano almeno una dozzina di ragazze. Quando si accorsero che le guardavo, scoppiarono tutte quante in un'allegra risata.

Che cosa mi restava da fare se non fissarle con aria di rimprovero? Ma non basta: anche Antoine «il piccolo» cominciò a fare dei versacci, a biascicare parole senza senso (forse perché non gli prestavo abbastanza attenzione).

Le mie occhiate ebbero ben poco effetto sull'allegria di quelle ragazze, ma Margie sembrò colpita, forse perché era stata lei a guidare il gruppo e ora si sentiva in colpa.

Come in risposta a una mia tacita domanda, si staccò dalle altre, mi si avvicinò e disse:
«Allora, Kiki, è stata una serata piacevole?».
Questo era veramente troppo sorprendente... Neppure quando Roth mi aveva allungato i cinquanta dollari ero rimasta altrettanto meravigliata.
«Come fai a conoscermi?», le chiesi.
«La descrizione che ci hanno fatto di te era davvero eccellente», rispose arrossendo. «Vero, ragazze?», aggiunse rivolgendosi alle altre.
«Che vi ha fatto chi?».
«Papà Hemingway in persona», risposero, e scoppiarono in un'altra risata.
Annusai qualcosa, e non si trattava di Antoine.
«Cos'è questa storia?», chiesi, fissandole furiosa, anche se furiosa non ero nel modo più assoluto.
«Perché, non si può seguire un inseguitore?», replicò Margie.
Cominciai a capire.
«E Papà Hemingway ha organizzato tutto?», chiesi, guardando direttamente Margie.
«Che cosa altro ti aspettavi da lui, visto che sei stata tanto ingenua da andargli a spifferare i tuoi piani?», rispose.
Io sospirai.
«Mi accorgo di essermi sbagliata completamente sul conto di Papà Hemingway», mormorai.
«Che cosa vuoi dire?», mi domandò Margie.
«Be', io pensavo che i milioni lui li avesse fatti con i libri», risposi.
«E allora?».
Cercai di essere più delicata possibile.
«Voi siete le ragazze di Papà Hemingway, vero?».
Si guardarono in modo curioso.
«E anche se lo fossimo», disse Margie, «che cosa pensi si faccia per Papà Hemingway?».
«Be', proprio quello che state facendo, battere il marciapiede».
Scoppiarono tutte quante in una risata selvaggia, isterica... Tutte fuorché una, una tipetta con i capelli rosso fiamma e le lentiggini.
Mi venne vicino vicino e mi agitò un pugno sotto il naso.
«Hai un bel coraggio!», urlò, «Prenderci per donne di quella razza!».

Niente poteva più stupirmi.

«Volete dire che non siete delle...», cominciai.

«Certamente no!», sbraitò la rossa.

«Ma allora, perdio, chi siete, che ci fate in giro a quest'ora della notte?».

A questo punto Margie intervenne ancora.

«Siamo ballerine, e facciamo parte di un famoso balletto. Papà Hemingway ha chiamato il direttore, gli ha parlato della tua idea, e così hanno pensato che sarebbe stato divertente cambiare le carte in tavola e metterci noi a seguire te».

«Capisco, capisco», dissi io. «Avete ragione in tutto, fuorché nel vostro atteggiamento verso quella categoria di donne che al mondo fa lo stesso mestiere che io pensavo faceste voi per Papà Hemingway. La missione di quelle donne è tutt'altro che disprezzabile, è tra le più pazienti e perciò tra le più nobili al mondo. Ma perché dovremmo bisticciare su un simile malinteso? Se qualcuno qui ha sbagliato, questo è Papà Hemingway. Ogni volta che ho a che fare con lui, mi accorgo che è capace dei peggiori scherzi. Ma d'ora in avanti non ci cascherò più».

«Ma allora non ti sei arrabbiata?», chiese Margie.

«No», risposi. «E per dimostrarvi che non sono affatto risentita voglio invitarvi dentro a bere un goccio».

Accettarono. Francine era a letto, ma la buttammo giù e aprimmo alcune bottiglie di vino. Continuammo a bere e a chiacchierare fino all'alba.

Quando fu il momento di salutarci, io e Margie eravamo diventate tanto amiche che lei mi diede il suo numero di telefono e mi pregò di chiamarla ogniqualvolta la vita mi fosse sembrata troppo difficile.

37
Notizie da Antoine

Trascorse un'intera settimana senza alcun incidente degno di nota.
Una sera, mentre ce ne stavamo al nostro solito caffè, Francine di punto in bianco disse:
«Kiki, ho una novità per te. Stasera andiamo a una festa».
«Bene», acconsentii. «Mi metterò uno dei tuoi abiti più belli, e spero che sia un party come Dio comanda. Chi lo dà?».
«Una mia amica, un'attrice», rispose Francine. «Le ho detto che eri mia ospite; vuole che ti porti con me. Ha letto i tuoi *Mémoires*, ed è molto eccitata all'idea di conoscerti».
Ecco cosa non va in me, pensai. *Faccio colpo solo sulla gente che non conta.*
«E dov'è?», chiesi ancora.
Francine sembrò leggermi nel pensiero.
«Dove abita? Al Greenwich Village. È un posto molto carino», aggiunse in tono rassicurante.
Presi un'aria più allegra.
«Ah, è la Montparnasse di New York, non è vero?», gridai fingendo un entusiasmo che non provavo.
Ma Francine non si lasciò ingannare e si profuse in spiegazioni.
«Così vorrebbero farti credere quelli del Village», disse lei. «Ma penso che artisti autentici ne siano rimasti pochi, lì. I giorni della vera *bohème* sembra siano finiti, Kiki. Ora, più che altro, è tutta una messinscena per turisti».

«Anche a Parigi», la rassicurai. «Io, però, ci andrei. Chissà mai che in 'sto Greenwich Village non si incontri qualcuno che possa darmi notizie di Antoine!».

Sorrise con aria incoraggiante.

«Hai ragione, Kiki. È senz'altro possibile. L'ultima volta che ho avuto sue notizie, parecchi anni fa, aveva un piccolo studio al Village, a quanto mi avevano detto».

Prendemmo la metropolitana a Sheridan Square, e seguii Francine in una stradina buia lì nelle vicinanze. Salimmo due rampe di scale e ci trovammo in un appartamentino molto grazioso, dove gli ospiti si erano già lasciati andare ad abbondanti libagioni. Ci venne incontro, tutta sorrisi, l'amica di Francine, Jenny.

«E così questa sarebbe la famosa Kiki!», esclamò, quando Francine me l'ebbe presentata, squadrandomi dalla testa ai piedi.

Ci accompagnò in camera da letto, dove riuscii a ravviarmi alla meglio i capelli. Poi raggiungemmo il resto della compagnia nel soggiorno.

Jenny era una brillante padrona di casa. Ci presentò a tutti e si assicurò che ci servissimo abbondantemente da bere e d'antipasti.

Nel momento in cui Jenny ci lasciò per andare ad accogliere altri amici che stavano entrando, avanzò nel mezzo della stanza un tipo grande e grosso, con una gran testa di capelli bianchi, che cominciò a cantare e a ballare. Non era una canzone vera e propria quella che aveva intonato e la danza era una giga irlandese. Ma l'uomo era fenomenale.

Francine lesse la curiosità nei miei occhi.

«Ah, è Shamas Osheel, il poeta», mi spiegò.

«Dovrebbe essere un poeta in gamba», dissi. «Balla in modo atroce. E chi è quello spaventapasseri con passerotto accanto?».

«Ah, quello», spiegò ancora Francine, «è Maxwell Bodenheim e la sua ultima conquista. Maxwell è un poeta veramente bravo, sebbene balli in modo atroce anche lui».

«Per essere buoni poeti non è assolutamente necessario saper ballare», precisai.

Jenny si fece avanti con i nuovi arrivati, una coppia, marito e moglie, che si separarono nel momento stesso in cui ci furono presentati. Non ricordo più il nome di lui, ma era un artista e molto attraente anche, e, non sapendo di che parlare, lasciai cadere il discorso su Antoine.

«Il nome non mi è affatto nuovo. Antoine Leclerc...», ripeté. «Non è un artista?».

«Sì, sì», dissi io tutta agitata. «Lo conoscete?».

Gli si illuminarono gli occhi.

«Ma sì. Sebbene non abbia sue notizie da tempo. Voi lo conoscete bene?».

«Sono tornata per la seconda volta negli Stati Uniti proprio nella speranza di rintracciarlo».

Il suo bel viso si incupì.

«Me ne dispiace», disse.

«Perché?», gli chiesi.

«Non sono certo che quel che sto per dirvi vi possa essere di alcun conforto», mormorò.

«Non c'è niente al riguardo che non possa essermi di conforto», lo rassicurai.

«Ma si tratta... di una notizia un po' particolare», insistette. «Comunque, forse è meglio che vi dica quello che so. Le ultime notizie che ebbi da lui furono che conviveva con una ballerina».

Questi americani! Scoppiai a ridere.

«È passato quasi un quarto di secolo da quando sono stata a letto con Antoine», dichiarai. «Vi aspettavate forse che pensassi fosse rimasto in casta attesa della sottoscritta? E se non vive solo, d'altra parte, può un tipo come lui accontentarsi della compagnia di un uomo o di un gatto, anziché di quella di una donna? Vergogna!».

La mia sfuriata fatta per scherzo gli piacque.

«*Bravo!*», gridò. «Ecco come parla una vera francese!».

«Ma non avete idea di dove possa vivere adesso?», gli chiesi.

«Un paio d'anni fa», rispose, «abitava in un appartamentino dalle parti della Novantesima Strada, lato ovest, nel tratto verso la Columbus Avenue. Ma ora... chissà...».

«Potrei trovare il suo indirizzo sull'elenco telefonico?», domandai, e mi chiesi come mai non avessi pensato prima a questo meraviglioso libro.

«Dubito che possa permettersi il telefono», fu la risposta. «L'ultima volta che lo vidi era rimasto senza il becco d'un quattrino. Ecco perché aveva lasciato quel piccolo studio qui al Village... Troppo costoso».

Ne fui sorpresa.

«Visto che questa è una comunità di artisti», dissi, «si sarebbe portati a pensare che gli affitti qui siano bassi».

«Una volta lo erano, ma adesso non più», rispose. «Il Greenwich Village è diventato il quartiere preferito dalla classe media, perché ci sono un'infinità di negozi e di mezzi di trasporto».

Mi scusai e andai a sfogliare l'elenco telefonico. Non vi trovai nessun Antoine Leclerc. Ne fui seccata, ma decisi di interrogare qualche altro invitato. Qualcuno lo conosceva, ma nessuno sapeva dove fosse andato a finire. Sembrava essersi letteralmente eclissato da tutti negli ultimi due anni. Non sapevo che fare. Pregai parecchie delle persone che erano al party di informarmi se avessero per caso avuto sue notizie, e lasciai il numero di telefono di Francine.

38
Ritrovo e perdo di nuovo Antoine

Francine era sempre così mattiniera che io riuscivo sì e no a vederla un attimo... Via a precipizio in bagno, poi a precipizio in cucina e, finalmente, via a precipizio verso la porta per andare al lavoro.

Solo al suo ritorno, la sera, potevamo ritrovarci e discutere dei piccoli problemi che ci assillavano.

La sera successiva al party del Village, eravamo entrambe afflitte dal mal di stomaco, ma sopra a ogni mio pensiero c'era sempre il ricordo della conversazione avuta con quel tale al party.

Francine era tutta orecchi mentre io gliene parlavo.

«Ti ha detto che lui vive con una ballerina?», chiese quando ebbi finito.

Annuii.

«Questa ballerina ormai dovrebbe essere ridotta a mal partito», dissi.

«È quello che speri tu, Kiki. Che peccato non averlo saputo fin dalla settimana scorsa, quando sono venute qui tutte quelle ballerine. Poteva anche darsi che qualcuna di loro lo conoscesse e avesse notizie più recenti sul suo conto».

Annuii con aria triste.

«Hai ragione, Francine».

Il viso di Francine si illuminò.

«Non potresti rintracciarle?», domandò.

«No», dissi. E poi ricordai. Avevo il numero di telefono di Margie.

«Possiamo telefonarle subito», suggerì Francine.

«Le chiederò l'indirizzo», dissi io, «e andrò a trovarla. Una faccenda del genere è sempre meglio trattarla direttamente».

E così avvenne. L'indomani, subito dopo colazione, andai da Margie.

Abitava in una specie di *slum* le cui pareti erano così sottili che lasciavano passare ogni rumore. Neanche il campanello funzionava. Dovetti aprirmi la porta da sola e così senza volerlo mi trovai ad ascoltare una conversazione fra Margie e un uomo, nella stanza accanto.

«Ciao caro», la sentii dire.

«Oh, piccina mia!», esclamò la voce maschile. «Com'è andato lo spettacolo ieri sera?».

«Come sempre», rispose lei in tono fiacco. «Ma comincio a non poterne più, Tony. Vorrei tanto che mi fosse offerta qualche possibilità... oppure riuscire a trovare il coraggio di piantarla con questo lavoro. Sono stufa marcia di fare la ballerina di fila».

La voce dell'uomo si fece più dolce.

«Sei stata da qualche produttore, ieri?».

«Sì, come sempre. E come sempre, per me non c'era niente. Uno spera che non attacchino con la solita storia, ma a quanto pare se ne infischiano».

«Quale solita storia? Qualcuno ha tentato ancora di portarti a letto?».

«Non ci sono stati tentativi più energici del solito, caro». Dal tono di voce supposi che Margie stesse sorridendo. No, quello che intendo è l'altra storia... quella del: "Non disturbatevi a chiamare... ci faremo vivi noi!"».

Immaginate quale fu la mia sorpresa quando l'uomo parlò francese:

«*Mon petit chou*», disse, «se solo potessi aiutarti in qualche modo!».

«Tre parole mi bastarono per riconoscere l'accento parigino. Mi chiesi se per caso non si trattasse di qualcuno di mia conoscenza. Tesi ancora di più le orecchie».

«Oh, Tony, caro, tu mi aiuti... più di chiunque altro. Non fosse per il tuo amore mi sarei già arresa da tanto tempo».

«Ma quello che intendo è darti un appoggio economico. Se solo avessi quello che basta per assicurarti una vita comoda. Ma no, che dico... tu meriteresti una vita da regina!».

Lei rise, una risata argentina che per un momento parve cacciare ogni stanchezza.

«Ma caro, è proprio questa la vita che conduco con te!».

Oh sì, questa era una cosa molto bella, pensai io. Una ragazza tanto deliziosa che avrebbe potuto avere gli uomini più ricchi di New York ai suoi piedi se ne infischiava di tutti per amore di quest'altro uomo senza un centesimo! Ascoltai con rinnovato interesse.

«Mia cara, cara Margie», disse.

Poi vi fu una lunga pausa. Finalmente si udì ancora la voce di Margie, piena di allegria, dire:

«*Monsieur* Antoine, questo sì che era un bacio! Ricordami di farti dei complimenti più spesso!».

Monsieur Antoine?

No, no, mi dissi. Ci sono centinaia di Antoine. Impossibile che questo sia proprio il mio!

Ma c'erano centinaia di Antoine a New York?... E con l'accento parigino? Scoperchiai la scatola e guardai il mio pesce. Nei suoi occhi lessi la conferma dei miei sospetti. C'era una sola cosa da fare: così bussai alla porta.

«Chi può essere?», sentii chiedere.

«Va' tu, Tony».

Sentii i suoi passi, e un momento dopo scorsi il mio Antoine. Sebbene io che fosse proprio lui lo capii immediatamente, Antoine non mi riconobbe.

«Sì, signorina?», domandò.

Il mio Antoine era molto cambiato, ma era pur sempre il mio Antoine. Rimasi delusa che non mi riconoscesse, ma poi mi ricordai che gli anni dovevano aver steso un velo ben pesante sull'immagine della Kiki a lui familiare. Come farmi riconoscere da lui?

Avrei potuto dire:

«Antoine, sono Kiki!».

Ma no, dovevo fare in modo che fosse lui a riconoscermi.

All'improvviso mi venne un'idea.

Mi chinai, alzai la gonna mostrando le ginocchia con le fossette.

«Kiki!», esclamò lui, e indietreggiò di tre passi. Il suo grido fece accorrere Margie; entrambi restarono lì a guardarmi sbalorditi.

«Sì, Kiki», dissi.

«Mi dispiace», continuai rivolta a Margie, «irrompere così in casa vostra, ma al telefono mi avevate assicurato che sarei potuta venire a trovarvi in qualsiasi momento».

«Ma non che avreste potuto mostrare le vostre parti anatomiche a mio marito», ribatté lei freddamente.

«Vostro marito?», chiesi.

«Sì. Ne siete sorpresa?».

«Eccome, non mi sarei mai aspettata che Antoine si sposasse... neppure con me. Ma voglio che sappiate che è stato soprattutto per rintracciare Antoine che sono tornata in America».

«Vi capisco, Antoine è un grand'uomo», rispose Margie ridendo. «Sarebbe un bel colpo se ve ne andaste trascinandolo a Parigi con voi. Non avete idea di quanto gli piaccia Parigi».

Questa volta fui io a ridere.

«Per venire a Parigi con me, Antoine dovrebbe amarvi la metà di quanto vi ama», dissi.

Antoine era ancora lì che mi fissava, la bocca sconvenientemente spalancata.

«Sono così cambiata?», lo stuzzicai io.

«Mia cara Kiki», disse lui con calore, ritornando in sé. «Non sei cambiata per niente! Avrei riconosciuto ovunque le tue ginocchia con le fossette».

«Vi conoscete bene, voi due?», chiese Margie.

«A essere sinceri, mia cara», spiegò Antoine, «venticinque anni fa eravamo amanti».

Margie improvvisamente si sedette. Mi fissò.

«Ma come potevate sapere che io e Antoine vivevamo sotto lo stesso tetto?», domandò.

«Non lo sapevo», risposi. Poi raccontai loro del party al Greenwich Village. Ridemmo tutti e tre fino alle lacrime per il tiro birbone giocatoci dalla sorte.

«Sono molto lusingato dal fatto che tu mi abbia cercato, Kiki», mi disse Antoine. «Peccato che tu mi abbia trovato in uno stato così pietoso».

Con un gesto della mano indicai l'appartamento attorno a me.

«Non mi pare siate in uno stato tanto pietoso», osservai, guardando significativamente Margie.

«L'abbiamo messo in ordine tutto da soli», spiegò Antoine. «Avresti dovuto vedere com'era quando ci siamo entrati!».

«Be', è un posticino carino anche se si trova in una zona così squallida. Ma a questo non dovresti farci caso, Antoine. Non ti ricordi di quando vivevamo assieme? Quella sì era una stamberga!».

Antoine lanciò un'occhiata a Margie, e cercò di cambiare discorso. Ma io mi stavo divertendo a tenerlo sulle spine, e non intendevo lasciarmi sviare.

«Ah, come ce la siamo spassata!», gridai. «Ti ricordi, *chéri*, quella prima festa che abbiamo dato?».

«Oh... Kiki...».

«Fu un successone!», continuai io. «Ci venne tutta la gente più in gamba di Montparnasse, dovevamo celebrare la tua prima personale in quella piccola galleria... Ora è stata chiusa, Antoine».

«Raccontami di te, Kiki», suggerì, «che cosa hai fatto da quando viv... dall'ultima volta che ti ho visto?».

«Avevi cominciato col dire "vivevamo assieme"! Perché non hai finito la frase? Ti vergogni di me, Antoine?».

«Sei tu quella che dovrebbe vergognarsi», sussurrò lui fra i denti, per non farsi sentire da Margie.

«Vergognarmi di me?», chiesi ad alta voce. «E perché poi? Sei tu che dovresti vergognarti! Pensavo che mi avresti senz'altro cercato, dopo che uscirono le mie memorie».

«Ho letto il tuo libro con molto piacere, Kiki», disse lui con voce implorante, tentando di difendersi, «ma ero troppo povero per pensare di raggiungerti, e ancora lo sono».

«Anch'io ero molto povera, Antoine, ma feci l'impossibile per venire in America», puntualizzai. «E ora scopro con grande dispiacere che sei come tutti gli altri uomini. Nessun riguardo per una povera ragazza. Sta' attenta Margie!». Sospirai con aria addolorata.

Margie scoppiò in una bella risata.

«Kiki, smettila di seviziare il povero Antoine, ho capito il tuo gioco anche se lui no: sono una donna anch'io, sai!».

«Sì, mi stavo divertendo», risi io.

«Margie», disse Antoine in tono di rimprovero, «se hai capito fin dall'inizio quello che stava succedendo, perché non hai tentato di farla smettere? Come puoi lasciarmi soffrire così?».

«Perché», rispose Margie tirandogli affettuosamente il naso, «mi diverte stuzzicare gli altri, proprio quanto a lei».

«Ah, ma dovevo proprio arrivare al punto di essere lo zimbello di due donne?», sospirò Antoine, e poi si unì alle nostre risate. «Su, Kiki, parla seriamente ora, che cosa hai fatto in tutto questo tempo?».

Gli raccontai in breve tutto quello che era successo e rivolsi a lui la stessa domanda. Mi raccontò di aver allestito parecchie mostre di successo dal momento in cui era arrivato a New York, ma di aver ottenuto solo soddisfazioni morali.

«Mi sono degradato fino al punto di eseguire solo ritratti», si lamentò. «Ma anche questo non è stato di grande aiuto. Gli americani non amano essere dipinti come sono realmente. Dopo essersi fatti ritrarre da te, raccontano in giro che non vali molto come artista e così sei spacciato, l'unica possibilità che mi resta per continuare a fare ritratti, oggi, è di convincere qualche innocente a posare per me».

Ero veramente interessata.

«Ma di che cosa vivi?», chiesi.

Scosse le spalle.

«Di quel poco che riesco a ricavare dai miei quadri e... da quello che prende Margie a "Radio City"».

«Antoine, vergognati, vivere alle spalle di una donna!».

Lui rise.

«Non hai mai protestato quando vivevo alle tue, di spalle».

«Sì, sì, lo stesso vecchio Antoine».

«E inoltre», continuò baciando Margie, «lei mi ama. Vero, amore?».

«Sfortunatamente per me, sì», confermò lei, e uscì dalla stanza per andare a prendere qualcosa da offrirci.

Lui mi lanciò un'occhiata significativa.

«Ecco come stanno le cose».

Io annuii. «Ecco come stanno le cose», ripetei.

Mi guardò nel suo solito modo sardonico.

«Tu lo sai che non sarà sempre così, vero?», domandò. Capivo quello che intendeva.

«Sì, lo so».

Antoine aveva trovato il modo di consolarmi. Avevo perduto ben poco, mi stava dicendo. E quando li lasciai ne ero quasi convinta.

In quel momento Margie rientrò.

«Considerando il fatto che ormai sai tutto del nostro passato, Margie», dissi, «penso che tu sia molto coraggiosa a lasciarci soli, Antoine e io, sia pure per pochi minuti soltanto».

«Mi fido di Antoine», rispose, «ma dimmi, che cos'hai in quella bella scatola?».

«Mi ero quasi dimenticata del mio Antoine. È un pesce», dissi.

«Che tipo di pesce?», chiese Antoine mentre storceva violentemente il naso.

«Un pesce morto, naturalmente», spiegai io, «ma assolutamente fuori dell'ordinario, vi assicuro; dovete conoscere l'intera verità. Lui è il mio mentore, il mio buon genio».

«No!», esclamarono entrambi, come una persona sola.

«Sì, ma dovete vederlo, il mio Antoine, per apprezzarlo». Mi avvicinai al tavolo, presi la scatola che conteneva il mio pesce e gliela portai.

«Guardate!», dissi, togliendo il coperchio e mostrando il mio Antoine che giaceva lì in tutta la sua gloria, con il fiore di Francine sempre accanto.

«Ah, ma è questo...», disse Margie. «Avevo sentito uno strano odore entrando, ma non ho detto niente, pensavo...», si interruppe tutta confusa.

«Pensavi fossi io a puzzare così?», finii io per lei.

«Be'...», si guardò attorno con aria incerta.

«Non essere imbarazzata, Margie», risi io. «È quello che pensa la maggior parte della gente. E sono contenta che la pensino così, almeno mi lasciano in pace quando non voglio essere scocciata».

Antoine mi strizzò l'occhio.

«E se tu ci tenessi a essere scocciata?», mi chiese.

Ammiccai a mia volta. «Posso sempre sistemare le cose».

«Ma raccontaci di questo pesce», ci interruppe Margie.

Mentre prendevamo il tè con la torta, raccontai loro la storia del mio piccolo Antoine, dal momento in cui l'avevo raccolto nel fosso di scarico al momento in cui l'avevo battezzato, e dell'accordo che avevamo fatto, di rimetterlo, cioè, nel fosso di scarico perché potesse continuare la sua attività filantropica, dopo che la sua missione con me fosse compiuta.

«Ora penso che la mia missione sia conclusa», terminai. «Ho cercato il mio amante, ma mi è successo di meglio. Mentre ho perso un pesce, ho guadagnato due amici; e ora che ti vedo con la tua Margie capisco che non eri proprio tu quello che cercavo: in realtà io inseguivo un'illusione».

«L'avevo capito fin dall'inizio, Kiki, deliziosa, imperiosa creatura», disse Antoine, «e sapevo anche che non ti sei mai lasciata ingannare, nemmeno per un secondo. Ci permetti di assistere alla cerimonia di quando rimetterai il pesce nel fosso di scarico?».

«Sì, Antoine», risposi, «a condizione, però, che mi lasciate per alcuni istanti sola con lui. Ormai amo il mio piccolo Antoine, quanto una volta ho amato te».

«Naturalmente, lo capisco benissimo», disse Antoine. «Dove preferisci metterlo?».

«Non posso pensare a nessun posto più adatto del fosso di scarico davanti a casa tua», risposi. «Non solo perché tu eri la vera ragione per cui ho scelto lui come compagno, ma anche perché questi dintorni sono poveri ed è più probabile che lui possa fare del bene qui che da qualsiasi altra parte. Se lo mettessi in uno scarico di Park Avenue, verrebbe portato via dagli spazzini e finirebbe al deposito delle immondizie».

Finimmo il tè, poi uscimmo in strada. Era una notte chiara di primavera, una notte ideale per la mia cerimonia.

Margie e Antoine restarono a una certa distanza mentre io, vicino al marciapiede, salutavo teneramente il mio piccolo amico.

«Piccolo Antoine», dissi con voce dolce, «lo sai quanto mi mancherai».

«E tu mancherai a me, Kiki», rispose lui, «ma dobbiamo essere coraggiosi. Non dobbiamo lasciare che le nostre emozioni abbiano il sopravvento sui nostri doveri. Di una cosa ti posso assicurare: non mi sono mai divertito tanto come da quando ti ho conosciuto. Ah, povero me», sospirò, «la Senna non fu mai così!».

Una lacrima scese dai suoi occhi luminosi.

«Preferiresti ti mettessi in un fosso di scarico di Parigi?», chiesi, sperando di poterlo tenere con me ancora per qualche tempo.

«No, no, lascia che sia un fosso di scarico americano», disse, «non devo confinare la mia attività al mio solo Paese per nazionalista che sono! Poi, quando tu mi hai raccolto a Parigi, mi hai salvato per poco dalla scopa di uno spazzino».

«Non piangere, non piangere», lo implorai io, mentre sentivo le lacrime salirmi agli occhi.

«Che tu possa stare in pace», aggiunsi gentilmente, «Margie e Antoine stanno aspettando, li chiamerò perché anche loro possano sentire il mio ultimo saluto».

Detto questo feci un segno ad Antoine e a Margie. Capirono e si avvicinarono, mano nella mano.

Sentii il piccolo Antoine mormorare:

«È stato meglio essere buoni, Kiki».

Mi rivolsi ai miei amici: «Siete pronti?», chiesi.

Annuirono entrambi.

Sostenni il pesce davanti a me, nella sua scatola.

«Mio piccolo Antoine», dissi, «grande, divino, miracoloso amico, mio mentore, mio benefattore, mio protettore, ti raccomando alle potenze pregandole che ti sorveglino e ti aiutino nella tua missione».

«Possa tu aiutare altre anime come hai aiutato me, e possano loro esserti eternamente grate come lo sono io».

«Credimi, questa separazione mi è penosa e spero umilmente che lo sia anche per te, ma come tu stesso hai detto con le tue sagge parole, dobbiamo pensare anche alle altre povere creature che chiedono di essere soccorse. Possa la buona fortuna seguirti, perché tu la possa trasmettere a quelli che più ne hanno bisogno, mio caro amico, addio».

Detto questo lo depositai con tutta la scatola nel fosso di scarico, e mi appoggiai ad Antoine perché mi sorreggesse.

Quando recuperai le forze, salutai Antoine e la sua Margie, non senza aver detto loro dove avrebbero potuto rintracciarmi nel caso fossero venuti a Parigi. Dopo essermi voltata diverse volte a guardare loro e il fosso di scarico, mi incamminai lentamente.

39
Un forzato ritorno all'arte

Sono di nuovo nella vecchia stanza di Montmartre. Ricordo gli ultimi memorabili giorni trascorsi a New York.

Mi è venuta una brutta tosse. Ho perfino sputato sangue. Ma i medici mi dicono di non aver paura. Paura di che, poi?

Riconsegnato il piccolo Antoine ai rudi elementi da cui l'avevo strappato, di ritorno dalla cerimonia trovai Francine a letto ancora sveglia. Le feci un racconto particolareggiato di quello che era avvenuto.

Lei ascoltò in silenzio ostile. Quando ebbi finito si tirò su, appoggiandosi a un gomito.

«E ora che il pesce è sparito, dove è andata a finire la scatola dei fazzoletti che tu, senza tante cerimonie, mi hai fregato?».

Proprio il commento che ci si può aspettare da un tipo pratico come Francine.

«Ci ho lasciato dentro Antoine, mi dispiace dovertelo dire», risposi. «Pretendevi che abbandonassi il mio prezioso Antoine nudo come un verme in un posto tanto orrendo?».

Francine sospirò.

«Non riusciremo mai a vedere le cose allo stesso modo, Kiki», disse, «Non parliamone più, della scatola... Piuttosto, adesso che hai rintracciato Antoine solo per perderlo di nuovo, che cosa pensi di fare?».

Mi lasciai andare a un profondo sospiro.

«Penso, Francine, che dovrei cominciare a riflettere sull'opportunità di tornarmene a casa», risposi. «Qui non concludo niente e senza dubbio non ti è di alcun aiuto il fatto di ritrovarmi qui alla fine di una faticosa giornata di lavoro. Inoltre comincio a sentire la nostalgia di Parigi. Non sto affatto bene. Se è destino che debba morire, preferisco farlo là, nella città del mio cuore».

Un cambiamento totale si verificò in Francine.

«Ti rendi conto di dire un sacco di fesserie, Kiki», cercò di consolarmi lei. «Un giorno o l'altro morirai, naturalmente. Ma non con le guance così bianche e rosse».

Non mi lasciai infinocchiare da quella chiacchierata.

«Francine, gli anni passano per tutti...», le ricordai. «Ma non preoccuparti, non ritorno a Parigi a morire, ma a vivere».

Francine mi lanciò uno sguardo malinconico.

«Senza il piccolo Antoine come farai a tirare avanti?», mi chiese.

«Non lo so», risposi. «Ma in qualche modo ce la farò».

«Finirai per morire di fame», mi accusò lei.

Scrollai le spalle.

«Si dà il caso che non ci sia altra soluzione».

Nei suoi occhi apparve una gentilezza sconosciuta.

«Ma sì che si può fare qualcosa, Kiki, disse». «Puoi restare qui».

Non riuscivo a credere alle mie orecchie.

«Non parli sul serio».

«E invece sì», rispose lei in tono sincero. «Voglio che tu rimanga, per due ragioni. Mi sento sola e poi ti voglio bene».

Mi vennero le lacrime agli occhi. Le lasciai correre lungo le guance. Erano le più dolci, le più sincere lacrime della mia vita.

«Anch'io ti voglio bene, Francine», dissi. «Ma devo tornare a Parigi».

«Immediatamente?».

«Immediatamente».

Francine tirò fuori un fazzoletto, col quale dapprima si asciugò gli occhi e poi si soffiò il naso.

«Quanti soldi hai ancora, Kiki?», chiese.

In questo consiste la maggiore ricchezza dei poveri; che non hanno un conto in banca che possa andare in rosso. Presi il portafoglio e contai i soldi.

«Trentasei dollari e ventinove *cents*», risposi.

«Io potrei prestarti una ventina di dollari», disse Francine. «Basteranno per comprare il biglietto della nave?».

Scossi la testa.

«Mi servirebbero almeno altri cento dollari. Tu non sai suggerirmi niente?».

«Non puoi assalire una banca, tanto per cominciare», disse Francine. «E hai troppa fifa per rapinare qualcuno. Suppongo quindi che la cosa più semplice sia trovarti un lavoro e guadagnarteli, i quattrini».

«Ma che lavoro? Non posso più posare e non so fare nient'altro».

«Va a letto, Kiki», propose. «Domani mattina studieremo insieme qualche cosa».

Ma proprio in quel momento mi venne un'idea. Capii come si poteva risolvere la situazione.

«Dipingerò dei quadri e li venderò», dissi.

Mi guardò severamente.

«Pensavo che tu non guadagnassi *un sou* facendo la pittrice a Parigi», osservò.

«Vero, Francine», risposi. «Ma questo avveniva a Parigi, dove lo stile francese è così comune che i tuoi prodotti devono essere più che buoni perché tu possa venderli. Ma qui siamo a New York, dove basta avere l'accento francese per fare un sacco di soldi».

Francine si girò nel letto con un gesto di disperazione.

L'indomani presi un bus per il Greenwich Village; avevo visto un certo negozio che vendeva proprio ciò di cui avevo bisogno. Lì investii un po' di soldi in carta, pennelli e in una scatola di acquarelli.

Quando ritornai nell'appartamento di Francine sistemai una natura morta e immediatamente mi misi al lavoro. Disposi dei fiori in un vaso e alcuni frutti alla base e *ad memoriam*, come portafortuna, tra una mela e una pera, disegnai il mio pesce.

Ci impiegai soltanto un'ora.

Quando l'ebbi finito ne cominciai un altro.

Continuai così tutto il giorno. Quando Francine ritornò dal lavoro avevo dipinto tre nature morte.

«Ehi, Kiki», esclamò. «Sai che sono proprio carine! Posso comprarne uno io?».

L'avrei coperta di baci per questa frase.

«Grazie Francine», fu tutto quello che riuscii a dirle.

«Se solo riuscissi a trovare qualcuno disposto a venderli per conto mio!».

«Non ti occorre un agente, Kiki», disse lei. «Tutto quello che devi fare è dipingere. I quadri in un modo o nell'altro riuscirai a venderli...».

«Stai ammattendo, mia povera Francine. Un artista non può fermare il primo che passa e dirgli: «Ecco, questo l'ho dipinto io. Per favore, compratelo vi prego. Ho tanto bisogno di soldi...».

Francine mi lanciò una delle sue occhiate.

«Hai mai provato, Kiki?».

«No, e non proverò neanche mai», risposi. «Intendo scovare un agente, dovessi anche rintracciarlo sull'elenco telefonico.

«L'elenco telefonico!», gridò Francine. «Questa sì che è un'idea. Ci scommetto che ne troviamo a decine nel categorico».

Trovammo l'elenco davanti al telefono pubblico della *cafétérie*. Francine diede un'occhiata alla lista degli agenti, lasciò cadere una monetina nella scatola nera e un momento dopo stava parlando con uno di loro. Scarabocchiò un nome e un numero sul margine di un giornale.

«Che cosa ha detto?», domandai eccitata quando lei riagganciò.

«Non farti troppe illusioni, Kiki», mi consigliò, «comunque sembra che ti conosca, e ci aspetta da lui fra un paio d'ore».

«Bene!», urlai. «Così avrò il tempo di dipingerne qualche altro».

Quando venne l'ora di andare dall'agente, avevo arricchito la mia collezione di altri quattro acquarelli: arrivavo così a un totale di nove.

«Francine cercava di farmi fretta, e io... giù a soffiare furiosamente sull'ultimo dipinto per asciugarlo».

«Su», mi incitò in tono impaziente. «Ci vorrà mezz'ora per arrivare fino a là».

«Un minuto solo», risposi io fra una soffiata e l'altra. «Non voglio finire rovinando il mio ultimo lavoro».

Ci passai sopra un dito: era asciutto.

«Pronta?», chiese.

Raccolsi tutti i miei quadri e ci precipitammo fuori dall'appartamento.

Quando arrivammo dall'agente, ci venne incontro sull'uscio.

«Buonasera», disse sorridendo cordialmente.

Per quanto ne sapessi di agenti, questo era eccezionale!

«Non volete entrare?», continuò. «Sono George Meade».

Ci accompagnò in soggiorno e ci portò il caffè.

«Ora posso vedere i quadri della famosa Kiki?», domandò.

«Davvero avete sentito parlare di me?», esclamai deliziata.

«Chi non ha sentito parlare di voi, nel mondo dell'arte?», fu la sua galante risposta.

Questa sì che era una bella fortuna! Capivo che l'essere conosciuta mi sarebbe stato di vantaggio, perché avrebbe guardato il mio lavoro ben disposto.

Sparsi i miei acquarelli, e lui si piegò su di essi; era molto assorto. Non sapevo se questo fosse buono o cattivo segno.

Ben presto mi sorrise e si sedette.

«Quanto chiedete?».

«Volete dire che siete disposto a comprarli?».

«Be', non proprio», si affrettò a precisare. «Vi ho solo chiesto quanto volete».

«È la prima volta che mi capita di vendere degli acquarelli», risposi. «Non so proprio quanto chiedere».

«Dieci dollari l'uno vi andrebbe?».

«Dieci dollari! Con questo sarei senz'altro riuscita a risanare le mie finanze. «Se li comprate tutti», gli dissi, «andrà benissimo».

«Affare fatto, allora», disse. «E se ne avete altri, posso acquistare anche quelli».

«A chi li venderete?», chiesi.

«Penso che siano l'ideale come cartoncini d'auguri», rispose.

«Cartoncini d'auguri?».

«Sì. Siete una primitiva, e questo modo di dipingere è molto richiesto per i cartoncini d'auguri. Vi faremo pubblicità come la "Nonna Moses" francese».

«Nonna!», esclamai indignata.

«Naturalmente questo si riferisce soltanto al vostro modo di dipingere», rise lui.

Quando ce ne andammo, Mr. Meade aveva i miei disegni e io avevo novanta dei suoi dollari.

«Francine», chiesi sulla via del ritorno. «Pensi ancora che fossi ottimista?».

«Sei fortunata», ammise lei.

Francine non ammetteva mai di essere in errore.

E ora che sono di nuovo a Parigi mi dispiace di non aver tentato di rivedere Papà Hemingway. No, non per fargli sborsare altri soldi, davvero. E mi sarebbe piaciuto aver conosciuto meglio quel pirata di Roth, anche se in questo caso mi sarei sì divertita immensamente a spillargli almeno un'altra cinquantina di dollari.

Forse pensate che sarebbe stato troppo difficile? Da quanto mi dicono, per cavargli fuori qualcosa basta essere imparentati con lui o dirgli le cose giuste. Circolano strane storie sul suo conto a Montparnasse, di quando morì Joyce, per esempio, e fu lui, non il ricco editore americano dello scrittore, a mandare i soldi alla vedova in Svizzera. Si dice anche che abbia mandato dei soldi perfino a Ezra Pound (che l'ha bistrattato tanto nelle sue lettere) nel ricovero di Washington, per il tabacco, i francobolli, lo zucchero e... Ma a cosa serve? Se ripeteste tutti i pettegolezzi che si sentono su questo pirata dell'editoria, riuscireste solo a trasformare un mostro in un santo, capovolgendo così completamente il naturale ordine delle cose.

Forse i dottori sanno qualcosa... All'improvviso mi sento così stanca.

Indice

Prefazione di Ernest Hemingway   7

Prima parte   13

  1 La mia infanzia in Borgogna   15
  2 Il mio arrivo a Parigi   17
  3 Vado a lavorare   19
  4 Donna tuttofare   23
  5 Il risveglio dell'amore   25
  6 Il mio primo contatto con l'arte   27
  7 Un'iniziazione mancata   29
  8 Robert   31
  9 Rue de Vaugirard   33
  10 Una strana abitazione   35
  11 Il signor W…   37
  12 La nonna   39
  13 Il periodo di Soutine   41
  14 Le mie prime apparizioni nei circoli artistici   43
  15 La vita a Montparnasse   45
  16 Millenovecentodiciotto   47
  17 Millenovecentoventi   49
  18 Kisling   51
  19 Poso ancora   53

20 Millenovecentoventidue – Fujita	55
21 Man Ray	57
22 Il «Jockey»	59
23 New York	61
24 Villafranca 1925	63
25 Guai con la polizia	65
26 In prigione	67
27 Davanti ai giudici	69
28 Jean Cocteau	73
29 Montparnasse 1929	75

Seconda parte — 79

30 Una grande scoperta	81
31 Alla donna	85
32 Vengo a sapere di essere una scrittrice di successo	89
33 Papà Hemingway è in città	93
34 Papà Hemingway mi riceve... e sgancia!	97
35 Quel pirata di Roth	107
36 Papà Hemingway contrattacca	113
37 Notizie da Antoine	121
38 Ritrovo e perdo di nuovo Antoine	125
39 Un forzato ritorno all'arte	135

Finito di stampare
nel mese di settembre 2020
presso Rotomail Italia S.p.A. – Vignate (MI)